Estrategias de Forex Probadas y Análisis Técnico Avanzado Para Forex

Wayne Walker

INDICE

Estrategias de Forex Probadas

Wayne Walker

Introducción

En lugar de tener que gastarse grandes cantidades de dinero o tener que estudiar libros de 300 páginas, se pueden aprender los principios fundamentales del trading en mucho menos tiempo. Esto no lo presento aquí simplemente poniendo algunas soluciones 'rapidas' sin más. Esta guía contiene las técnicas fundamentales que utilizan los traders profesionales y de éxito. Además, todos estos conceptos han sido probados y respaldados con testimonios de los alumnos que han asistido a mis cursos.

Mi empresa de formación entrega un Diploma de Trading basado en estas técnicas que también han sido incorporadas por varias universidades.

¿Qué es el Forex?

En este capítulo vamos a examinar el mercado de divisas, los participantes, lo que hace que el mercado se mueva y por qué debería de operarlo.

Entonces, ¿qué es el Forex (Foreign Exchange) o FX como también se denomina? Es el mercado más líquido del mundo. El volumen medio diario es de más de 3 billones de dólares. Es un gran número y para ponerlo en perspectiva, sepa que un día de FX puede equipararse aproximadamente a entre dos y tres meses de volumen de operaciones en la Bolsa de Nueva York. Esto es muy importante ya que significa mucha liquidez y que mucha gente está involucrada.

FX es negociado OTC (Over The Counter – Mercado extrabursátil), es decir, sin ningún órgano regulador central, al contrario de los mercados de capitales o de materias primas donde sí hay mercados centrales en donde los compradores y los vendedores se encuentran. Con FX, es sólo entre usted y su broker/dealer.

Está abierto para el trading las 24 horas durante 5 días de la semana, desde el lunes a las 05:00 en Sydney hasta el viernes a las 17:00 en Nueva York. Un amplio horario para un acceso permanente al trading.

Centros y Participantes

¿Quiénes son las personas que están participando en éste fenómeno del FX?

Primero vamos a echar un vistazo a los centros de FX. Los principales centros son el Reino Unido, Estados Unidos y Japón. Juntos son los responsables de la mayor parte del volumen. Australia, Singapur y Suiza son también partes importantes en el mercado, pero los jugadores principales son los primeros mencionados.

Bancos e Instituciones Financieras

Son principalmente los grandes bancos e instituciones financieras los que representan aproximadamente el 50% de las transacciones. El trading se efectúa electrónicamente entre ellos.

Los bancos centrales están igualmente involucrados y su papel es intervenir en un intento de influir en el valor de sus monedas.

Analicemos esto más de cerca. El probablemente más famoso de todos los bancos centrales, la Reserva Federal de los EE.UU., junto con el también conocido Banco de Japón, son en muchas ocasiones bien conocidos por ser participantes activos en el mercado en un intento de influir en la fortaleza o debilidad de sus monedas. Un trader de FX debe ser consciente de las funciones que desempeñan estos bancos.

Participantes Adicionales

Actualmente existen fondos de cobertura (o hedge funds) de FX. Si hace años ésto se hubiera mencionado, la mayoría de la gente no sabría ni de lo que se estaba hablando ya que por aquel entonces no existían. Hoy existen fondos que operan tanto con una única moneda en particular como con distintas opciones. Para aquellos que tengan algún interés en particular, sepan que estos fondos están disponibles.

Otros participantes son los brokers, tanto físicos como electrónicos, que sirven como intermediarios entre bancos y dealers. Los bancos y los dealers a su vez también acuden a ellos para obtener ayuda en la búsqueda de las mejores ofertas. Los días de los brokers físicos están contados, ya que en la actualidad la mayoría de la actividad es electrónica y hoy muchas empresas ya ni siquiera tienen una mesa de negociación (Dealing Desk).

Las empresas también participan, en especial las multinacionales, que tienen un riesgo de cambio que necesita ser cubierto, pero también participan para su propia especulación. Muchas corporaciones internacionales tienen sus propias mesas de negociación que utilizan para el prop o proprietary trading.

Un ejemplo de cobertura o hedging podría ser una empresa estadounidense que compra bienes de Japón y recibe una factura en Yenes. Para protegerse contra una pérdida potencial, donde la cantidad adeudada podría aumentar en USD debido a las fluctuaciones en la moneda, abren una posición en el mercado.

Como nota sobre el hedging, lo que estamos analizando es eliminar el riesgo de mantener un activo en particular. El objetivo principal aquí no es necesariamente obtener beneficios. Por ejemplo, en el mercado de futuros podríamos tener un agricultor de trigo que es lo que llamamos trigo en largo. Tiene miedo de una caída en los precios, por lo que vende contratos de futuros de trigo para ser cubiertos en caso de una caída. Si los precios caen, compensaría la pérdida en el lado negativo. No obtiene ganancias, pero elimina el riesgo de retener el trigo.

Motivos Privados

Para la mayoría de nosotros, los viajes internacionales son una actividad normal, por lo tanto, la mayoría de la gente necesitará la moneda de su destino.

Nuestras compras en el extranjero son otro factor. Si usted está en Nueva York y está buscando comprar un par de zapatos en Londres por internet, normalmente no se aceptará USD, por lo que la cantidad tendrá que convertirse a libras esterlinas.

También tenemos la especulación y esto es lo que ha sido uno de los principales impulsores en convertir FX en un mercado muy activo en los últimos años, donde la gente compra y vende sólo con fines especulativos.

¿Qué mueve FX?

¿Qué sucede en el mercado? ¿Por qué se mueve? Pueden ser varios motivos, como rumores o una intervención del gobierno como sería si, por ejemplo, el Banco de Japón entrara en el mercado en un intento de reforzar el yen para evitar que se deprecie. Algunos traders podrían tomar esto como una señal para ponerse en largo (comprando) en Yenes y en corto (vendiendo) en los otros cruces frente al Yen.

Datos

El informe Non-Farm Payroll (NFP, Nóminas No Agrícolas que se publican por la agencia de empleo en EE.UU.) es una de las principales publicaciones. Además, cualquier decisión sobre los tipos de interés ya sea desde la Reserva Federal, el Banco de Inglaterra, el BCE, el Banco de Japón, etc. provocan movimientos amplios en el mercado.

Las guerras y los actos terroristas, ya se trate de acontecimientos en el Oriente Medio o en otros puntos estratégicos en el mundo, pueden afectar al mercado y, en algunos casos, de forma muy drástica.

Los bancos centrales, tal y como ya hemos mencionado, pueden en ocasiones depreciar una moneda con su intervención. Por ejemplo, los gobernadores de los bancos pueden influir sin tener que entrar en el mercado con una intervención directa. Un ejemplo de un caso así podría ser que un gobernador de un banco central comparta una observación en una rueda de prensa diciendo "Creo que la moneda está sobrevalorada y es posible que tengamos que hacer algo al respecto" o en otros casos podría decir "la fortaleza de la moneda nos preocupa y afecta nuestra competitividad." Dependiendo de quién lo diga, los resultados pueden ser dramáticos aunque, en algunos casos, podría tratarse de un simple malentendido de lo que la persona estaba tratando de comunicar.

Otros Eventos

Algunos acontecimientos políticos y elecciones pueden tener también gran influencia. Si alguien que tuviera unos planes más agresivos para su moneda fuera elegido, podría ser tomado como una señal de que la moneda se va a revalorizar.

Los niveles técnicos son también importantes en algunas divisas, especialmente con los números redondos que a los traders tanto nos gusta. Un ejemplo podría ser un par de divisas que se negocia a 1.3995 y nunca ha pasado de 1.4000 pero comienza a acercarse cada vez más a los 1.4000. Este nivel de 1.4000 puede ser visto como una barrera psicológica y va a ser observado muy de cerca y si se sobrepasa, nos encontraremos con lo que se denomina una rotura o breakout a la alza.

Utilizando el mismo ejemplo, si el par de divisas se cotiza en 1.3995 y sobrepasa 1.4000, es posible que observe que el precio se dispara hasta 1.4095 para luego caer otra vez hasta 1.3995. Entonces ocurriría lo que se denomina una falsa ruptura al caer el precio de nuevo a la zona de rango, aunque existe la posibilidad de que la ruptura sea real y permanecer en el nivel 1.4095.

¿Por qué querría operar FX?

Usted podría estar pensando que toda esta información es muy interesante pero, pero aún podría estar preguntándose: ¿por qué querría yo comenzar con FX trading? Existen varias razones:

Liquidez

La primera razón es la liquidez, que no es equiparable a ninguna otra opción del mercado. Como ya hemos mencionado al principio, un solo día de FX es el volumen de dos a tres meses en la Bolsa de Nueva York. Esta es una razón muy poderosa.

24 horas de trading

Se puede operar las 24 horas, día y noche. No existe ninguna otra opción que ofrezca este tipo de flexibilidad. Para la mayoría de los traders, que frecuentemente son también propietarios de negocios o tienen trabajos de jornada completa, o en muchos casos estudiantes universitarios, esto es una gran ventaja.

Opción en largo o en corto

FX ofrece la opción de ir en largo (long) o en corto (short) y esta característica es muy importante. Tradicionalmente, la mayoría de las personas están acostumbradas a ir en largo comprando una acción y luego esperar a que aumente de valor. FX le da la opción de ir en corto, que es una manera diferente de mirar el mercado pero puede ser lucrativa. Para los traders inteligentes, es una herramienta para poder sacar provecho del mercado.

Correlación con otras clases de activos

Baja correlación con otras clases de activos, lo cual es importante para aquellos que están tratando de diversificar su cartera. Cuando ocurre una turbulencia en el mercado, ya sea en materias primas o en acciones, el Forex se destaca. Las acciones pueden hundirse o los precios de las materias primas explotan, pero el Forex es Forex y se mueve por otras fuerzas. Sabemos que FX no debería representar el 80% de su cartera, pero sí que tener cierta exposición es algo prudente.

Conceptos básicos de FX

No intento convertirle en un super trader de la noche a la mañana, pero el tener una comprensión de estos términos le facilitará la comunicación dentro de la comunidad FX y con su bróker.

Su **divisa base** (base currency) es su exposición en el mercado, y la

divisa cotizada (variable currency) se utiliza para calcular su ganancia o pérdida (G/P). Tomando como ejemplo EURUSD, el EUR es su divisa base. Su exposición y su cálculo de margen se hará en euros. La ganancia y la pérdida se hará en USD.

Dependiendo de la divisa base de su cuenta, su G/P se calculará de nuevo, por lo que para este mismo ejemplo (EURUSD) si tuviera Sterling (GBP) como su divisa base, entonces la ganancia y pérdida de dólares estadounidenses se convertiría a su base (GBP).

Continuando con los conceptos básicos, si tenemos EURUSD en 1.5800, significa que 1 Euro equivale a 1,58 dólares, que significa que el Euro está más fuerte que el dólar americano.

El Spread

Es un término muy utilizado entre los traders. El spread es la diferencia entre el bid y el ask. Si en el <u>bid</u> el precio de venta es 1.5800 y el precio en <u>ask</u> de compra es 1,5802, tenemos una diferencia de 2 pips. Diremos entonces que el spread es de 2 pips.

Largo, corto y equilibrio

Largo

Estás comprando.

Corto

Estás vendiendo.

Ejemplos

Si usted se coloca en largo EURUSD (o largo Euro Dólar como se diría), entonces usted va en largo Euro y ha vendido o ido en corto USD. Si se pone en corto Euro Dólar, está en corto euros y en largo dólares.

Equilibrio

Usted está en posición neutral. En términos más claros, para equilibrar una posición en largo de 500.000 EURUSD usted necesitará ir en corto 500.000 EURUSD para neutralizar su exposición de mercado.

Argot del trader

He querido incluir más vocabulario para aquellos que vayan a hacer trading regularmente:

En primer lugar está el **cable (GBPUSD),** un término que oirá repetidamente y es la libra esterlina contra el dólar estadounidense.

Swissie es el Franco Suizo (CHF)

Aussie es el Dólar Australiano (AUD)

Kiwi es el Dólar Neozelandés (NZD)

Loonie es el Dólar Canadiense (CAD)

La figura (the figure)

Es el 00 al final de un número. A veces, mientras se está en el trading, podría oir a un dealer decir el Euro Dólar está en "1,33 y figura", que significa 1,3300.

Cierre forzado (stop out)

Todas sus posiciones han sido cerradas y sepa que va a ser algo que a usted nunca le gustará oir.

OCO

Orden OCO (una cancela a la otra) es cuando tiene una orden de límite y una de stop conectadas, al ejecutarse una se cancela la otra.

Orden Completada

Ahora tiene la posición. Por ejemplo, usted tiene una orden de 3 pasos que contiene el nivel de precio donde deseará entrar en el mercado, una vez que se alcanza ese nivel la orden estará completada.

Un **cuarto** es 250.000

Un **medio** es 500.000

Uno es un millón

Como ya he mencionado, conocer estos términos le facilitará hablar con los dealers o con su bróker. Para los que estén considerando entrar en el mundo del trading profesionalmente, entonces definitivamente deberán de familiarizarse con estos términos.

Cálculos en el FX trading

Mucha gente opera con FX, pero la mayoría no tiene una buena comprensión de lo que está pasando por detrás. Antes de comenzar con FX trading es importante ser consciente de componentes como el margen, el cálculo de G/P y el principio del rollover. Repasemos estos puntos:

Conocimiento del requerimiento de margen

En la mayoría de las casas de cambio de FX, los traders están operando con margen y no están operando FX al contado. El FX al contado significa que 1 dólar equivale a 1 dólar en valor. En el trading con margen, se puede abrir una posición de 1 millón de EURUSD, con el requerimiento de margen de un 1%, es decir, de 10.000 euros. Otro ejemplo, una cuenta con un saldo de 10.000 y con una posición de 100.000 necesitaría 1.000 euros para mantener la posición abierta.

Ganancias y pérdidas en pips

El pip es la medida más pequeña de la fluctuación de un precio. Si utilizamos EURUSD como ejemplo, 1.5280 a 1.5281 es un movimiento de un pip. Si tenemos USDCAD 0.9955 y se mueve a 0.9956 también es un movimiento de un pip.

Veamos un ejemplo de ganancias y pérdidas en pips: compra 100.000 EURUSD a 1.5100 retira ganancias en 1.5160, 60 pips. Tiene un stop de pérdidas en 1.5070, 30 pips, esto está ajustado así desde su posición de entrada.

En términos pip, tenemos aquí lo que se llama un ratio de 2 a 1, cuando está en largo EURUSD a 1.5100, obtiene ganancias en 1.5160 y un stop de pérdida en 1.5070.

Valor del pip

Hay varias formas de calcular el valor del pip, pero como esta guía está basada en la realidad, usaremos la más sencilla. Utilicemos el ejemplo EURUSD, que se cotiza con 4 decimales, ej. 1.5100, y un valor nominal (volumen de la operación) de 100.000.

Primero, cuente la cantidad de decimales que tiene, que en este ejemplo es 4. Empezando por la derecha, quite 4 cifras del valor nominal (100,000) y obtendrá el valor de cada pip. Al quitar 4 ceros, nos muestra que cada pip es 10 dólares. Recuerde que, como ya hemos visto anteriormente, la divisa contraparte USD es la utilizada para calcular sus ganancias y pérdidas.

Avanzando más, un beneficio de 60 pip (60 x 10 USD) le da 600 USD, o si tiene una pérdida de 30 pip (30 x 10) es de 300 USD. Cuando está utilizando un ratio de trading en su estrategia, debe de ser ajustado para que la oportunidad de obtener beneficio sea mayor que la probabilidad de una pérdida.

Rollovers

Los rollovers (renovación de la posición) han dado muchos dolores de cabeza a los traders durante años, pero en realidad no es un concepto complicado. Mucha gente omite el rollover en los materiales de entrenamiento, pero nosotros lo abordaremos aquí.

Si usted tiene una posición larga EURUSD, usted va en largo Euro y en corto USD. Usted está manteniendo euros y ganará interés con ellos. Usted también está pidiendo prestado o va en corto USD, por lo tanto paga intereses sobre lo que pide prestado. La diferencia de intereses será positiva o negativa y ese resultado será su swap (intercambio).

Al contrario, si usted tiene una posición en corto EURUSD, usted va en corto euros y en largo USD. En este caso, usted está pidiendo prestado euros y manteniendo dólares. La diferencia de intereses será positiva o negativa y será el swap.

Wayne Walker

Inversión en acciones

Vamos a echar un vistazo a cómo se opera en el mercado de capitales y revisaremos las cosas que creo que son importantes cuando se invierte en capital.

Dividendos

Los dividendos son un buen concepto para comenzar. Un dividendo es tanto un ingreso para el accionista como un aumento del valor de la acción.

Las compañías que ofrecen dividendos son normalmente las conocidas como 'Blue Chips'. Cuando se miran los componentes que se buscan en la inversión en acciones, éste es uno de ellos. Recuerde que ésto es aplicable en la inversion y no en el trading.

Tradicionalmente, las empresas que ofrecen dividendos suelen estar bien administradas. Si no fuera así, no tendrían con qué distribuir dividendos. Esto las convierte en una buena alternativa a los bonos para el inversor de bajo riesgo.

Niveles de Deuda

La deuda es otro de los factores a tener en cuenta para decidir en invertir en una empresa. Debería de buscarse lo que se llama una relación baja entre el activo circulante y el pasivo circulante. Normalmente un ratio en una franja entre 1 a 3 es recomendable.

Sin embargo, en algunos casos, demasiado dinero en efectivo puede ser negativo. Podría ser una señal de varias situaciones, por ejemplo, que no estén invirtiendo lo suficiente en el futuro, es decir, no existen planes de desarrollo. El exceso de efectivo también podría significar que no están buscando hacer compras estratégicas. Muchos opinan que es una señal de que no hay suficiente pensamiento proactivo por parte del liderazgo de la compañía.

Tenga siempre en cuenta que el ratio es relativo al sector en que se está investigando, por ejemplo, las empresas en el sector de la tecnología tienen ratios de deuda varias veces superiores.

Ratio Precio/Beneficio o PER

Significa lo que vale una empresa en un mercado en relación a los ingresos de sus productos y servicios.

Este es el método más común para valorar acciones y ver si tienen un precio adecuado. Este término lo escuchará repetidamente y por eso es importante que el concepto se entienda bien. Utilizando un ejemplo simple, si una empresa tiene acciones que se valoran a 50 millones y los beneficios son 5 millones, el PER es 10. Al igual que ya se mencionó con la relación entre los activos circulante y fijo, este ratio es relativo al sector que se está investigando.

Negociación de títulos por parte de los directivos

Los administradores y directivos tienen la obligación de declarar cuándo negocian acciones de sus compañías. Por lo general, ellos suelen ser los que más informados están sobre la marcha de la empresa, lo cual podría ser indicativo de algún evento futuro, pero trate de mantener una mente abierta.

Algunas personas podrían afirmar que los directivos están vendiendo porque está ocurriendo algo negativo en la empresa, o están comprando porque saben de algo positivo. Es un indicador, pero no es un 100% absoluto ya que podría tratarse de algo tan simple como que necesiten flujo de dinero. O es posible que deseen invertir en otras áreas o que están demasiado expuestos en esa empresa en particular y la necesitan reducir. También podría deberse a razones tan dispares como un divorcio, por lo que no siempre es una señal clara de que algo drástico está sucediendo.

Liquidez y Volumen

La liquidez, tal como se ha tratado en la sección de divisas, es igual de importante en la inversión de capital. Yo diría que aún más importante en la inversión, ya que en FX usted tiene 24h de oportunidad para entrar o salir de las posiciones. Con las acciones físicas, en su mayor parte, los mercados sólo están abiertos entre las 9am y 5pm dependiendo del país.

La liquidez y el volumen son importantes para poder retirar los beneficios con facilidad. Es excelente poder mirar los beneficios sobre el papel, pero si usted no va a poder retirarlos, entonces ya no estará tan beneficiado como creía. Si por el contrario se está enfrentando una pérdida, entonces puede pasar de un escenario triste a una pesadilla cuando está viendo la pérdida aumentar sin ser capaz de salir de ella, por lo tanto, tener liquidez es crucial en el proceso.

Active su radar con el OTCBB o los Pink Sheets:

Éstas son acciones de baja de la liquidez que se negocian en mercados extrabursátiles, tenga cuidado. Estas acciones no suelen están sometidas a la misma exigencia de auditoría como las acciones en las Bolsas principales. Si a esto además le añadimos la baja liquidez, se convierte entonces en una receta perfecta para noches de insomnio.

Rendimiento

¿Cuál es el rendimiento de sus acciones favoritas en relación a otras? Como mínimo querrá que sea idéntico, a no ser que haya alguna razón en especial para que tengan un bajo rendimiento.

Rendimiento en múltiples time frames

Si usted es un inversor a largo plazo, perseguir al ganador de la semana no es por lo general una estrategia seria de inversión. Por lo tanto, elija las acciones cuyo rendimiento se pueda reflejar lo más posible en el horizonte temporal de su estrategia de inversión.

Ordenes de 3 pasos

Los componentes de una orden de 3 pasos

Después de haber satisfecho las condiciones de entrada, su orden inicial sería su orden de entrada (entry order), también llamada orden primaria, que es la orden utilizada para entrar en el trading.

El siguiente paso es la orden límite (limit order) u orden take profit, o como también me gusta decir, la orden más emocionante, ya que aquí es donde se retiran las ganancias fuera del mercado.

Por último, tenemos la orden de stop de pérdidas (stop loss order) que se utiliza para limitar las pérdidas. La regla de oro de los traders dice "sin dinero no hay trading", la orden de stop loss es muy importante.

¿Cuáles son las ventajas de los 3 pasos?

Trading a distancia

Las órdenes de 3 pasos le permiten operar a distancia. Esta es una gran ventaja para mucha gente, ya que la mayoría de nosotros estamos trabajando o llevando un negocio y no tenemos tiempo para estar sentados delante de una pantalla y seguir los trades minuto a minuto. Con las órdenes de 3 pasos, usted puede estar activo en los mercados sin tener que estar atado a su escritorio o a los boletines informativos cada segundo del día.

Disciplina

Proporciona disciplina a su trading ya que los parámetros se van a definir ántes de entrar en la operación y este punto es tan importante que lo volveremos a revisar. Una diferencia clave entre los que operan con beneficios y los que están perdiendo, es tener los parámetros bien establecidos antes de la operación.

Los traders profesionales o institucionales, aquellos cuya profesión es el trading, utilizan variaciones de estos 3 pasos. Dónde se va a retirar beneficios y dónde se va a cortar pérdidas para preservar el dinero se define siempre antes de entrar en la operación.

Minimice la emoción en el trading

Cuando los parámetros están predefinidos, no queda lugar para que usted interfiera y comience a reajustar todo en medio del trading. Esto es crucial.

Ratio trading

Ratio trading es el ratio riesgo beneficio y se compone de su nivel de entrada y su objetivo de stop de pérdidas y take profit. El ratio trading también se refiere a un ratio ganancia/pérdida de 2 a 1, 3 a 1, etc

Comencemos con un trading hipotético. Usted tiene un precio de entrada comprando EURODOLLAR a 1.5550, tiene un stop loss en 1.5525 que son 25 pips por debajo, además tiene un profit target en 1.5600, esto son 50 pips. Esta combinación le da una proporción de 2 a 1.

Mirando a la orden de 3 pasos con una ratio de 3 a 1, usted compra EURUSD en 1.5550, stop loss 1.5525, 25 pips, y aquí tendremos un objetivo de beneficio 1.5625. El riesgo beneficio es de 3 a 1.

Soportes y Resistencias

Con los niveles de soporte y de resistencia, llegamos a los fundamentos del análisis técnico. La intención aquí no es dedicar un capítulo completo al análisis técnico, si no poder proveerle de un Análisis Técnico Práctico de lo que usted necesita saber para colocar los trades y, con suerte, obtener un beneficio.

Nivel de soporte

El nivel de soporte es el precio en el que, históricamente, el instrumento que se negocia ha tenido dificultades para caer por debajo. También se llama suelo. Lo que es importante recordar es que el nivel de soporte cambia dependiendo de su período de tiempo o time frame. El nivel de soporte que ve en un gráfico de una hora será diferente del que se muestra en un día o una semana. Por lo tanto, utilice un nivel de soporte y resistencia que se ajuste a su time frame.

Nivel de Resistencia

El nivel de resistencia es el nivel de precios en el que, históricamente, la divisa o el instrumento que está negociando ha tenido dificultades en sobrepasar.

El gráfico del time frame debe coincidir con el horizonte planeado para sus operaciones. Una resistencia de una hora es totalmente diferente a la resistencia de una semana o un mes. Al igual que con el nivel de soporte, los parámetros deben coincidir.

Para aquellos que quieran explorar más en profundidad el análisis técnico, cuento con más recursos que les puedo ofrecer.

Poniéndolo Todo Junto

En esta sección vamos a conectar los diferentes aspectos del sistema de trading que todos los traders deberían tener.

Plataforma de trading

En primer lugar, la selección de la plataforma de trading es obviamente importante porque la plataforma es el vehículo que va a utilizar para operar. La mayoría de nosotros opera online y es fundamental que usted esté utilizando una plataforma que coincida con su estilo. Puede ser una que ofrezca alta tecnología o una más básica. También debería de saber quién es el proveedor detrás de la plataforma. En una sección posterior examinaremos más a fondo el proceso de selección de este socio de trading.

Objetivos

Sin objetivos es realmente difícil comenzar a operar. Recuerdo una analogía que he escuchado hace tiempo y que me gusta utilizar porque explica este concepto perfectamente. Y dice que, si por ejemplo, nos acercamos a un mostrador de billetes de avión y decimos "¡deme un billete!" Lógicamente la respuesta sería "pero un billete para ¿dónde?"

Los objetivos a corto plazo pueden ser metas de beneficios tanto diarios como semanales, son individuales para cada uno. Los objetivos deben coincidir con su estilo y con la cantidad de capital de riesgo disponible para el trading.

Los objetivos a largo plazo están a menudo relacionados con su estrategia de inversión. A su vez van a estar también relacionados con sus objetivos a corto plazo porque las metas a largo plazo deben basarse en los objetivos definidos para beneficios a corto plazo. Debe de existir una concordancia porque si usted tiene un objetivo semanal de 100 dólares y un objetivo mensual de 1.000, entonces hay una discrepancia que debe ser ajustada.

Por último, debe de tener un plan de trading, porque sin uno se podría encontrar en una situación potencial de enormes pérdidas. Sin un plan definido no tendrá ningún sentido entrar en el trading.

Preparación Mental

Usted necesita estar psicológicamente preparado para iniciarse en el trading. Si está a punto de operar, pero está tenso o nervioso, entonces necesita tomarse un momento. Puede ir a meditar, a hacer algo de ejercicio o hacer cualquier otra cosa, pero es importante que no opere hasta que esté mentalmente preparado.

En el trading se debe de tener muy claro el no tomarse las cosas a nivel personal. Eliminar las emociones en el trading no significa que es usted contra el mundo. El objetivo es símplemente ganar dinero.

Conozca su tolerancia al riesgo

¿Cuánto está dispuesto a arriesgar en cada operación? Es importante y recuerde la regla de oro número uno, "sin dinero no hay trading." No importa lo que le hayan contado, si no hay dinero, no hay trading y debe de tomárselo en serio.

Esto se relaciona con la tolerancia al riesgo de la siguiente manera explicada con un ejemplo, imagine que tuviera un saldo en efectivo de 10.000 USD y desea arriesgar el 1%, es decir, la cantidad de 100 dólares. Esto significa que, de su capital de riesgo, independientemente de lo que esté operando, se va a colocar un stop loss que no debe de exceder de 100 USD.

Haga su diligencia debida

Es un nuevo día y su ordenador ya está encendido, ¿qué pasó durante la noche? ¿Qué pasó con el Nikkei? Un trader debe de saber siempre lo que está pasando en los mercados.

Por ejemplo, si usted opera en los mercados asiáticos, pero vive en Europa o en el Caribe, debe de estar al tanto de las noticias que salieron durante la noche y, lo que es más importante, cómo los mercados reaccionaron. A veces, con lo que en teoría debería de ser una buena noticia, los mercados reaccionan negativamente.

Otro ejemplo, los traders saben que si el Nikkei abre en negativo, es muy posible que los mercados de Europa y Estados Unidos también abran en negativo.

¿Qué se va a publicar hoy? Si se trata de un informe que puede mover los mercados como el informe Non-Farm Payroll (NFP, Nóminas No Agrícolas), el IPC (Indice de Precios al Consumo), etc., entonces necesitará revisar sus posiciones, especialmente si está operando FX que es muy sensible.

Cómo seleccionar el nivel de entrada

Conocer sus puntos de entrada significa que tiene una buena razón para cada trading que ejecuta. Si no tiene una buena razón, va a ser mejor que retire los fondos y los done a una organización benéfica. Tiene que saber siempre la razón para seleccionar cada trade.

Al seleccionar su nivel de entrada, necesita un buen ratio riesgo-beneficio y que coincida con su tolerancia al riesgo.

También debe de tener en cuenta el análisis técnico/fundamental. Los niveles de soporte y resistencia, las ganancias de la empresa, los informes del gobierno, todo ello es esencial antes de colocar cualquier operación. Si usted está haciendo FX trading, debe de saber dónde están las líneas de soporte y resistencia para el período de tiempo que va a estar en el trading.

Conozca sus niveles de salida

¿Cuál es el profit target, cien dólares o sólo unos cuantos? Tiene que ser consciente de esto.

Cuando usted está colocando stops para controlar las pérdidas, lo primero que debe hacer es asegurarse de que están dentro de sus parámetros. Si está operando con un ratio, al fijar la proporción se deberá entonces colocar en un nivel donde tenga un mayor potencial de beneficio que de pérdida.

Lo mismo que con su nivel de entrada, usted deberá conocer el análisis fundamental, los soportes y las resistencias, y otra regla de oro del trader "cortar pérdidas y dejar correr las ganancias". Muchos traders dicen que los beneficios se cuidan solos, pero uno debe de mantenerse atento a las pérdidas.

Mantenga un diario

Puede que no sea un hábito para cualquiera, pero yo lo uso para mantener un registro de mi trading. Incluye varias cosas, entre ellas dónde entré en el trading, mi nivel de salida, y por qué pensé al entrar que esa operación era una buena idea.

Al revisar el diario, si existen patrones comenzará a detectarlos. Puede eliminar un patrón que no funciona o desarrollar otro que sí lo hace. Esto le ayudará a afinar sus operaciones.

Revise sus resultados

Revise sus beneficios o pérdidas durante el día. Es importante porque, aunque el trading pueda ser también por diversión, es un negocio para hacer ganancias. Si durante la revisión de su G/P el resultado no es el esperado, su deber es averiguar por qué.

Usted tiene que saber lo que había detrás de los resultados. Tal vez fue pura suerte, y si ése fue el caso, entonces excelente, pero la suerte normalmente no es una estrategia sostenible en el trading. Yo sugeriría, tal como yo lo hago en mi propio trading, revisar su diario. ¿Fueron las operaciones planeadas correctamente con un informe publicado? ¿O fué el tamaño de la posición? Estos factores pueden influir en los resultados.

El siguiente paso, ¿es usted consciente de los comunicados de prensa del día siguiente? Al observar la información, puede ser entonces proactivo con sus operaciones futuras. Dependiendo de los datos que se están publicando, puede ser que quiera entrar en el mercado lo antes posible.

Tácticas de Trading

Aquí vamos a examinar las principales razones por las que los traders pierden dinero y, lo más importante, vamos a buscar las soluciones.

Expectativas Irreales

Es importante al comenzar en el trading, como con tantas otras cosas, tener una idea realista de lo que está haciendo. Expectativas poco reales pueden verse reflejadas en, por ejemplo, alguien que comienza con lo que a veces se llama una cuenta de mini-trader con 1.000 o quizás 2.000 USD y espera riquezas de la noche a la mañana.

Incluso también he llegado a ver casos donde se comienza con 100 o 200 dólares, que está bastante bien, no hay nada de malo con la cantidad. Pero esos mismos traders con 100 o 200 dólares están esperando tener 1.000 o 2.000 dólares en sus cuentas en unas pocas semanas o incluso en sólo un par de días. Hay empresas que dicen o hasta prometen que pueden hacer esto y, aunque yo no digo que es imposible, sí quiero repetir que es poco realista. Es fundamental que usted tenga sentido de la realidad en su trading.

Ningún Plan

No tener ningún plan sería, como ya hemos mencionado, similar a llegar al mostrador de la línea aérea diciendo "deme un billete", lo cual no tiene mucho sentido. Con la planificación, su trading se va a alinear con los plazos y los resultados que usted espera obtener.

Si a usted le gusta el FX, entonces es una buena idea seguir con FX y construir una base desde ahí para más tarde explorar otros instrumentos. Tal vez incluso comenzar a operar con futuros de FX, ya que una vez que tenga una buena comprensión de FX, entonces podrá comenzar a buscar en otras ramas.

Si está familiarizado con las operaciones con acciones, entonces es posible que quiera explorar CFDs (Contratos por diferencia), que son derivados de acciones y están operados por traders muy activos. Una vez más, todo funciona dependiendo del plan que deberá tener preparado desde el principio.

Demasiado Riesgo

Podría ser una persona tanto con 100 dólares en su cuenta o como con 100.000. No es la cantidad lo que es crítico, sino la cantidad que usted está arriesgando en relación con los fondos disponibles.

Como ejemplo sencillo, si tiene 10.000 USD en su cuenta y está operando una posición de 100.000 EURUSD, cada pip es de 10 dólares. Esto no es mucho, pero suficiente dependiendo de su perfil de riesgo. Si luego cambia a operar una posición de 1.000.000, cada pip tiene entonces un valor de 100 dólares. Si tiene 10.000 USD en su cuenta y va en largo, un movimiento de 10 pip a la baja le deja automáticamente con una pérdida de 1.000 dólares.

Confusión entre trading e inversión

Durante mis años como banquero, he tenido incontables clientes a los que he tenido que repetir una y otra vez que no deben de confundir los dos términos. El trading es para hacer dinero a corto plazo, es una actividad generadora de ingresos. Está entrando y saliendo de las operaciones a diferencia de la inversión, que es más a largo plazo. Podría ser que algunos de sus objetivos de inversión se derivan de su trading, pero no los confunda.

Con instrumentos que se está operando, por ejemplo FX que es activo, no se está invirtiendo sino haciendo trading, y es de esperar la obtención de ingresos. Otro ejemplo serían los CFDs.

Aunque parezca básico para algunos, mi experiencia en asesorar clientes de todo el mundo confirma que todavía existe mucha gente que confunde el trading y la inversión.

Soluciones

Está bien hablar de los problemas y retos, pero obviamente necesitamos soluciones.

Apalancamiento Bajo

Hemos hablado del problema que existe con demasiados riesgos, para ello la solución es utilizar un apalancamiento bajo. Si planea abrir una posición de 100.000 dólares para la cotización EURUSD donde cada pip vale 10 dólares, si no está seguro al 100% de esta operación, es posible que prefiera comenzar con 50.000. Se mantiene el apalancamiento bajo para que tenga tiempo de pensar, reaccionar de manera más eficaz y no estar demasiado sensible a los cambios en el mercado.

Escalado de entrada y de salida

El escalado de entrada y salida es uno de mis favoritos. Yo lo utilizo tanto para invertir como en el trading. En el escalado de entrada y salida, la teoría de fondo es permitir al mercado que nos indique qué dirección tomar, así de simple.

Un ejemplo, planeo comprar 1.000 acciones de GCMS después de haber hecho mi análisis técnico y fundamental. ¿Cómo empezaría? Comenzaría con una posición de 200 o 250 acciones y permitiría al mercado que me confirme si estoy en el camino correcto. Si hubiera comprado acciones GCMS a 100 dólares y de repente saltan a 125 por acción, excelente, el mercado está confirmando que he tomado la decisión correcta. En este caso, si hubiera comenzado con 200 acciones, añadiría entonces otras 200 o 250 y repetiría el proceso hasta llegar a mi objetivo de 1.000 acciones.

Algunos podrían argumentar que perdí un poco en el paso de 100 a 125 y de alguna manera así es, pero también estoy más seguro de mi decisión al ser paciente. Al contrario, volviendo al escalado de salida, digamos que si el mercado se hubiera movido en mi contra, en lugar de inicialmente tener 1.000 acciones con riesgo, habría tenido sido sólo 200. Evidentemente existe una renuncia pero, por experiencia propia, se juega más a favor para aquellos que aplican el escalado de entrada y salida.

Otro ejemplo, digamos que usted compró 200 acciones a 100 dólares cada uno y que el precio cae repentinamente a 90. Lo que yo sugeriría es que en lugar de vender todo inmediatamente, considerara sólo la venta de 50 o 75, ya que la caída podría haberse debido a una sobrerreacción del mercado. Hay varios factores que podrían estar en juego, como por ejemplo, un rumor falso, y de nuevo usted permitiría que el mercado le guíe al camino correcto. Lógicamente, si el precio sigue cayendo entonces vendería más. Otra forma de verlo es utilizando la analogía de conducir por una autopista, si ve una recta larga va a acelerar y si vienen curvas va a reducir la velocidad, esto funciona.

Trading en mercados líquidos

Operar en mercados líquidos es algo que no se puede enfatizar demasiado. Hay gente en el mercado de valores que opera en el OTCBB (Over the Counter Bulletin Board) u otras acciones de escaso volumen de operaciones o en FX divisas exóticas (a menudo de baja liquidez) que está bien siempre y cuando usted es consciente del riesgo. La liquidez es crítica especialmente como trader, un inversor no es tan sensible al tiempo, pero si usted está haciendo trading donde es necesario hacer movimientos bruscos, entonces desea que el mercado sea líquido.

Liquidez, para clarificar, es la capacidad de poder entrar y salir del trading con facilidad. Estar haciendo trading y ver los beneficios sobre el papel es una maravilla, pero cuando es el momento de retirar esos beneficios y no se puede, entonces se convierte en una mala broma que no tiene ninguna gracia, ya que solo se pueden mirar. Por otro lado, si usted está en una pérdida y no puede salir de esa posición, se convierte en una pesadilla. No me importa quién le esté aconsejando, o lo que esté leyendo en algún blog, usted debe de operar en mercados líquidos, no hay otra manera.

Trading basado en noticias

Esto va dirigido para los traders que existen ahí fuera que basan su trading en las noticias y si usted está pensando en hacer intercambio de datos (cuando se publican los datos de los mercados), piénselo dos veces.

Hay diferentes sistemas que utilizan estos traders para intercambiar datos en un intento de ser más listos que los bancos. Lo único que puedo decir es que se trata de una táctica que no recomendaría. En primer lugar, los bancos no son tontos y saben quiénes son sus clientes y, además, tienen departamentos creados para el seguimiento de este tipo de actividades y así asegurarse de que no están siendo engañados.

Si usted quiere intercambiar datos que aún no son publicados, tenga en cuenta que el precio al que su orden se consiguiera completar o ejecutar podría ser muy distinto de lo que usted tenía en mente. Para aquellos que operan con proveedores que garantizan precios, apostaría a que 9,99 de cada 10 tienen alguna cláusula en letra pequeña que establece que la garantía sólo es válida en condiciones normales de mercado. Lo que significa que con los datos el precio que usted está viendo pudiera no ser el que consiga.

La selección de pares de divisas

En FX seleccione unos pares y conózcalos como si fueran un amigo íntimo. Mucha gente comienza FX trading operando pares "mayores", EURUSD, GBPUSD, USDCAD, USDJPY, o AUDUSD como ejemplos.

De los mayores, llegue a conocer bien a algunos de ellos ya sea euro/corona sueca EURSEK, para aquellos en el mercado escandinavo o EURJPY para aquellos en el resto de Europa.

Personalmente, yo sólo opero con tres o cuatro en su mayor parte. Después de un tiempo de haber comenzado a operar estos pares, se familiarizará con ellos y obtendrá un sentido más profundo de cómo se mueven.

Otras tácticas

En CFDs o acciones, las mejoras en la calificación de riesgo de las empresas y las alertas de beneficios son buenas oportunidades, ya que significa que los precios tienden a ir en la dirección del anuncio. Así que si anuncian una mejora, la posibilidad es que los precios suban. Y por el contrario, al menos estadísticamente, cuando las empresas alertan sobre el resultado de beneficios, los precios tienden a bajar. Sin embargo, muchas veces al final del trimestre esas mismas empresas mejoraron las estimaciones más bajas que habían anunciado, lo que conduce a un aumento de la cuota. Por eso, para los que sean más valientes, se podría comprar después de la caída inicial de precios después del anuncio. Esta podría ser su boleto de lotería en el trading.

Colocar órdenes estratégicamente

Usted tendrá que conseguir ser el primero en colocar las órdenes, y colocar las ordenes límites antes de que la resistencia sea efectiva porque los niveles de resistencia son ya conocidos por todo el mundo. Usted querrá que se ejecute justo antes de llegar a la resistencia si es un trader técnico. En el soporte, deberá estar un poco por encima o un poco por debajo del nivel de soporte si va en largo, sólo asegúrese de que no es una ruptura falsa a la baja.

Utilizar los Principios del Delta

41

El Delta trading o los principios del delta trading han existido desde hace muchos años. Todo comenzó con un grupo selecto de personas que se agruparon en lo que llamaron la Sociedad Delta. Todos pusieron mucho dinero para unirse y aprender estos principios, lo que ha hecho que estén envueltos por el misterio.

Los principios fundamentales son que cuando alguien está haciendo trading (no invirtiendo), mire al mercado casi a través de los ojos de un niño. Las acciones que están subiendo continuarán subiendo y por lo tanto las compra. Y las que están bajando continuarán haciéndolo. Nada está sobrecomprado o sobrevendido, simplemente hay que ir con el mercado.

Se necesitarán algunas herramientas para ejecutar la estrategia. En primer lugar, es necesario operar con acciones activas, aquellas que están cotizando en un mercado lateral no pueden ser utilizadas para aplicar esta estrategia. También debe utilizar un filtro de selección de acciones que es una herramienta muy útil y la mayoría son gratis.

Los filtros ayudan a localizar de manera eficiente las acciones que están subiendo y las que están bajando. Con la experiencia he observado que lo funciona mejor cuando se usan filtros es encontrar a las mejores a través de los diferentes time frames.

Un ejemplo sería primero seleccionar las mejores durante tres meses. Luego se filtra más en detalle para encontrar las mejores durante un mes, y finalmente ver las mejores de una semana. Este proceso de filtrado le permitirá ver qué acciones se están destacando regularmente en los diferentes time frames. Estas son las acciones que la gente va a querer. Armado con esta información, usted tendrá una buena base para seleccionar las acciones a comprar para su cartera.

Se trata de una técnica de negociación, no de inversión, porque las mejores de una semana o de un mes podrían no ser las acciones que usted desea para su cartera de inversión a largo plazo. Con sólo el uso de los principios del filtro de selección de las mejores en 3, 1 mes o 1 semana, permitirá que vaya con más ventaja que muchos otros. Dependiendo de la agresividad de su estilo de trading, se pueden alterar los time frames a su gusto. Es una técnica que he utilizado con resultados sólidos.

Para concluir, recordarle que los traders más exitosos siempre utilizan un sistema. Tienen sus ajustes de entrada, de salida, tamaño de la posición y van a proceder con escalado de entrada/salida. Como ya vimos al principio, usted debe de tener un plan, que es la parte que realmente separa a los profesionales de los jugadores.

Selección de su bróker para el trading

Vamos a revisar los aspectos más importantes en la selección de buen bróker que será su socio en el trading.

¿Qué es importante?

Liquidez

La liquidez en todo momento, especialmente en períodos de volatilidad como hemos ya comentado en apartados anteriores, es tan importante que lo volveremos a mencionar. Su socio en el trading debe de ser capaz de proporcionarle liquidez.

Es importante para todos los instrumentos que se estén negociando, ya se trate de FX o de acciones. Los cruces de FX son líquidos, pero también necesita un bróker que tenga acceso a esa liquidez o, de lo contrario, podría encontrarse en una situación como si fuera una broma de mal gusto cuando tenga un beneficio, pero no pueda retirar.

Ejecución Rápida

Ejecución rápida, de modo que en cuanto haga click obtenga el precio indicado. La liquidez es un factor clave en la velocidad de ejecución.

Fiable

Al igual que con cualquier otro tipo de relación, usted quiere ir con un socio que tenga una buena reputación, sea conocido por ser de confianza y tenga una base financiera sólida. No querrá operar con alguien que está en riesgo de hundirse. Pedir consejo a alguien de confianza es recomendable.

Plataforma Estable

Su plataforma tiene que ser estable. No es óptimo tener una plataforma que a menudo se cuelgue cuando está listo para el trade o que tenga un montón de problemas técnicos.

Cuando se está operando en condiciones normales de mercado y obtiene frecuentemente precios de cotización reajustados, es una señal de alarma.

Acceso a datos y noticias de los mercados

Su plataforma o bróker debe de tener acceso a las noticias o lo que se conoce como la transmisión de noticias de última hora de las diferentes agencias de noticias como Reuters o Bloomberg. También querrá tener acceso al departamento de market making. Si no tuvieran uno, deberían entonces de ser capaces de proporcionar los flujos de datos de mercado, por ejemplo, si en este momento el trader va en largo EURUSD o si parece que hay un movimiento a USDJPY. Esto es importante especialmente en el Forex trading.

Mejor equipo de estrategia en su clase

Ningún equipo de estrategia es perfecto, pero usted quiere uno que sea fiable y en el que pueda confiar que le está aportando un análisis imparcial de mercado. Al igual que con las otras materias, debería de consultar con gente de confianza para obtener sus opiniones sobre lo que pueden recomendarle sobre los equipos de estrategia con los que tratan.

Sistema de gráficos fiable

Hay un dicho que dice que los gráficos son sólo "con fines indicativos", no son el mercado en sí. Sin embargo, desea que los gráficos le proporcionen una buena idea de dónde está el mercado. Otro factor es que, dependiendo del sistema, el gráfico sólo reflejará el bid (precio de venta).

Durante mis años de trabajo en la mesa de negociación, he tenido numerosas conversaciones con clientes después de lo que se llama un "bad fill" (jerga de trading para una operación que fue ejecutada a un precio peor de lo que esperaban). En estas disputas, los clientes están mirando los gráficos y dicen "pero el gráfico dice esto, y esto es lo que yo quiero", pero un punto muy importante es que el gráfico no es más que un indicativo, pero no es el mercado.

Con cualquier bróker con el que esté tratando, usted querrá negociar en donde está el mercado y no los gráficos. El mejor consejo cuando hay una disputa con un dealer profesional o trader institucional, es que se discuta el precio de mercado y se mantenga alejado de lo que dice el gráfico. Si se trata de profesionales, lo primero que van a mencionar es dónde estaba el mercado y no el gráfico, porque los profesionales operan los mercados, no los gráficos.

¿Cómo encontrar a los buenos?

Hablando con gente de confianza que están haciendo trading y, por supuesto, pueden ponerse en contacto conmigo.

Contenido Extra

Código para el Forex trading basado en noticias

1-Sólo órdenes - sólo en el mercado - cuando hay movimiento perceptible. Esto me permite evitar los mercados sin tendencia (se pierde dinero, sólo el bróker hace dinero aquí)

2-Tener un stop de entrada en compra o venta 10-20 pips por encima de donde estamos operando, significa que no voy a entrar a menos que haya un verdadero movimiento en el mercado (evito las rupturas falsas con las que el mercado puede a veces confundir). Sí, soy consciente que voy a perder algo del movimiento inicial del mercado, pero esto es compensado por NO haber sido engañado por rupturas falsas.

3- No opero con la misma frecuencia que otros, pero cuando lo hago, hay movimiento. Las pérdidas son ajustadas por el stop loss (antes de la operación)

4-Muy importante establecer el stop loss a máx 12-15 pips. Véase el punto más abajo.

El trading es un **negocio = gestión de capital** no es un simple juego de tener o no la "razón", solo se gana o se pierde dinero.

Wayne Walker

Guía de Análisis Técnico en el trading

Gráfico del time frame

El período de tiempo es el factor más crítico en una decisión de trading. La decisión de comprar o vender siempre comienza con el time frame. Una señal de compra o venta para un day trader es diferente de la de un swing trader y, en la mayoría de los casos, muy diferente de un inversor/operador a largo plazo. Los ejemplos que vamos a utilizar se basan en períodos de tiempo a corto plazo/day trading.

Day trading – Cierre de posiciones dentro de las 24 horas

Swing trading – Las posiciones se mantienen abiertas por unas pocas horas o hasta un máximo de unos días

Para los operadores a corto plazo un gráfico de 1 hora es bueno para conseguir una visión general del mercado y, a continuación, tomar la decisión de cambiar a 30 o 15 minutos. Cuanto más corto sea el tiempo de trading en el horizonte, más corto será su grafico de tiempo.

Para utilizar los ajustes anteriores, se recomienda abrir gráficos de diferentes time frames y dejarlos abiertos en su plataforma de trading. Esto hará que sea más eficiente para operar.

Time frame y su ubicación de compra – Canal de compra/venta

Una vez que el time frame se ha ajustado, es necesario localizar dónde se encuentra en la línea de canal (la línea de canal es el área entre la banda superior e inferior de las bandas de Bollinger). Si está cerca de la parte superior del canal, eso indica que está cerca de un nivel de cambio potencial de tendencia (donde el mercado se vuelve/da marcha atrás) ... como cuando va hacia arriba, pero de repente da un giro hacia abajo. Si está en la parte inferior y el mercado vuelve para arriba, eso es también un nivel de cambio de tendencia.

¿Qué hacer en los cambios de tendencia?

Aquí es donde el trading se hace un poco complicado. El hecho de que estamos en o cerca de un cambio de tendencia, no es garantía de que vaya a retroceder. También podría ser que tuviéramos una ruptura (el mercado va más por debajo/por encima de los conocidos niveles de resistencia o soporte). Un consejo para determinar qué poder hacer en esa situación, es simplemente revisar el gráfico de movimientos pasados de mercado (si ha ido hacia arriba o hacia abajo) en el nivel de precios que está mirando para poder comprobar lo que sucedió en el mercado la última vez que ocurrió lo mismo. Esto es importante porque la "persona" principal aquí es el mercado <u>no</u> usted).

Por ejemplo, si el mercado se ha movido hacia abajo, entonces hay una buena probabilidad de que vaya a hacerlo de nuevo. Sin embargo, NO es una garantía de que vaya a ser así, por lo que también deberá de tener en cuenta los datos fundamentales (informes de noticias, datos económicos), ya que esto podría afectar todo a partir del último resultado.

Si usted todavía no tiene una posición abierta y el mercado está en un nivel potencial de cambio de tendencia, una forma de hacer trading es establecer una orden de compra por encima del nivel del cambio. Entonces si se produce de verdad la ruptura, usted ya estará dentro. La orden de compra es también una parte de la gestión de riesgo, porque sólo habrá dinero sobre la mesa si la orden es ejecutada y se convierte en un trade.

Después de averiguar dónde se encuentra en la línea de canal de compra/venta, entonces querrá prestar atención a lo que el Índice de Fuerza Relativa (el RSI) le está indicando. Es necesario que este índice y su ejecución de la operación coincidan. Así que, si el RSI se encuentra en niveles de sobrecompra y su ubicación está cerca de los niveles de cambio de tendencia en las bandas de Bollinger, entonces es un indicativo de una buena oportunidad de potencial de venta.

Señales ideales de compra

Lo ideal en una señal de compra sería que su RSI esté en tendencia <u>alcista</u> desde o cerca de los niveles 30-40 y verificar una buena oportunidad de cambio hacia arriba. Al mismo tiempo, también desea que el mercado se encuentre cerca de la parte inferior de la línea de canal en las bandas de Bollinger.

Por último, si está usando gráficos con velas, éstas deberán de ser verdes (precios de cierre alcistas). Como se puede observar, necesitamos ver los mismos datos (alcistas) en nuestras herramientas. Si está viendo velas rojas (los precios de cierre bajistas) y señales contradictorias de sobrecompra (compra excesiva) en los niveles RSI, esto le indica que debe "quedarse a un lado" ... no opere hasta que las cosas estén más claras.

Señales ideales de venta

Una señal ideal de venta es simplemente lo contrario de lo anterior. Es decir, el RSI está en tendencia bajista desde los niveles 70-80. Al mismo tiempo, también quiere que el mercado se encuentre cerca de la parte superior de la línea de canal en las bandas de Bollinger. Por último, si usa gráficos de velas, querrá que sean de color rojo (precios de cierre bajistas).

Resumiendo

Lo ideal sería ejecutar una operación cuando las cosas están tan cerca del ideal como sea posible. Cuando se encuentra con zonas grises/indecisas le sugerimos que utilice órdenes de compra o venta. Las órdenes NO son operaciones, así que no hay dinero en riesgo hasta que se ejecutan. Estas órdenes deberán de ser colocadas cerca de los niveles ideales que usted está buscando para operar.

Como hemos subrayado varias veces, tanto si se encuentra en un escenario ideal o no, siempre debe colocar una orden de stop. Desafortunadamente, incluso el mejor trabajo de investigación del mundo no es una garantía de un trade rentable.

Ajustes de las herramientas de análisis técnico

RSI

Un valor por defecto de 14 está bien para la mayoría de FX, CFD, operaciones en capital. Sin embargo, con operaciones más a corto plazo, day trading o swing trading entonces 14 no es óptimo. Sugerimos 7 para el swing trading y hasta un 4 para el day trading.

Bandas de Bollinger

El ajuste por defecto suele funcionar bien para la mayoría de los traders por lo que le sugerimos que mantenga estos ajustes.

Indicadores de tendencia Medias Móviles (Moving Average)

Utilizamos 50, 100, 200. El 50 es la señal de alerta, 100 es el corto plazo y 200 es el largo plazo.

ANÁLISIS TÉCNICO AVANZADO PARA FOREX

Wayne Walker

Introducción

Continuaremos nuestro viaje desde el primer libro para adquirir una comprensión más profunda y amplia del análisis técnico para Forex. El énfasis continúa en las aplicaciones prácticas. Se le presentarán nuevas estrategias junto con él sepa cómo aplicarlas. También examinaremos indicadores de análisis técnicos más avanzados que pueden aumentar su capacidad de ganar dinero.

Los capítulos finales cubren el análisis fundamental avanzado y el área a menudo ignorada de la psicología comercial. Estas secciones son una ventaja para los comerciantes de todo tipo.

Wayne Walker

Conocimiento Esencial Sobre Gráficos

Conocimiento Esencial Sobre Gráficos

Los gráficos son la mejor herramienta de un comerciante de Forex. Como comerciante, lo más probable es que use sus gráficos más que cualquier otra herramienta que tenga disponible. Dado que sus gráficos desempeñarán un papel muy importante en su negociación, es importante que se familiarice con ellos. Cuanto más cómodo se sienta con sus gráficos, más fácil le será convertirse en un comerciante de Forex exitoso.

Para ayudarlo a familiarizarse con los gráficos y cómo utilizarlos de una manera efectiva, cubriremos los siguientes conceptos: configuración de gráficos, marcos de tiempo para gráficos, tipos de gráficos. También cubriremos los indicadores técnicos más útiles que puede agregar a sus gráficos para mejorar sus resultados comerciales en los capítulos posteriores. Comenzaremos con algunos conceptos básicos para prepararle rápidamente para un contenido más avanzado en el futuro.

Configuración de Gráficos

Comencemos por la base y echemos un vistazo a cómo se elabora un gráfico de precios de Forex. Una vez que comprenda los conceptos básicos, le resultará más fácil aplicar los conceptos más avanzados a su análisis técnico. Los gráficos de precios de Forex se basan en dos ejes: el eje X (eje horizontal) y el eje Y (eje vertical).

El eje X va horizontalmente a lo largo de la parte inferior del gráfico, proporcionando una línea de tiempo para todo lo que ha sucedido en el gráfico. La acción más reciente del precio se muestra en el lado derecho del gráfico.

El eje Y va verticalmente a lo largo del lado derecho del gráfico, lo que proporciona una escala para el movimiento de precios en el gráfico. Los precios más bajos se muestran en la parte inferior de la tabla y los más altos en la superior.

Cuando combina los dos ejes, puede ver a qué precio se cotizó un par de divisas en un momento determinado en el pasado.

Tipos de Gráficos

Los gráficos de Forex le brindan la habilidad de analizar el movimiento de precios de un par de divisas en varios formatos, desde gráficos de barras hasta gráficos de velas. Tiene la opción de elegir que formato considera mejor.

El análisis técnico es una habilidad que los comerciantes desarrollan, y a los diferentes comerciantes les gusta practicar su "arte" en diferentes tipos de gráficos. Algunos creen que pueden ver y analizar mejor los niveles de soporte y resistencia en un gráfico de líneas, mientras que otros sienten que obtienen más información sobre los movimientos de precios en un gráfico de barras o de velas. Los analistas técnicos tienden a trabajar con los siguientes tres tipos de gráficos:

Gráficos de Línea

Los gráficos de Forex le dan la posibilidad de analizar el movimiento de precios de los gráficos de línea, que son el tipo más básico de gráfico. Los analistas técnicos a menudo utilizan gráficos de líneas para identificar rápidamente los niveles de soporte y resistencia. Dichos gráficos contienen solo información básica, lo que significa que no hay mucha información para complicar el análisis. El gráfico de líneas se crea trazando el precio de cierre de cada período de negociación en un gráfico y luego conectando cada precio de cierre con una línea. Puede ver un ejemplo de un gráfico de líneas a continuación.

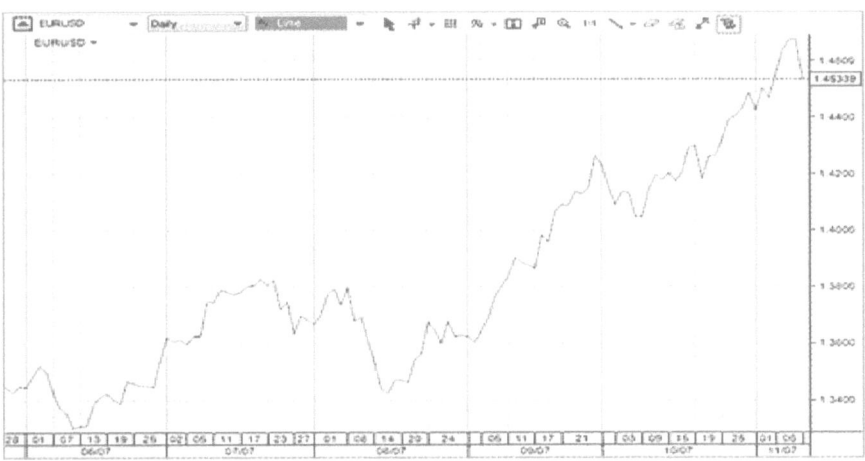

Gráfico de Barras

Los gráficos de barras proporcionan más información que un gráfico de líneas. Los comerciantes técnicos a menudo usan gráficos de barras para obtener más información sobre cómo fluctuó el precio de un par de divisas en cada período de negociación. Mientras que los gráficos de líneas solo indican el precio de cierre de cada período comercial, los gráficos de barras indican los precios de apertura, altos, bajos y cierre de cada período.

Puede crear un gráfico de barras trazando una serie de barras a lo largo del gráfico. Cada barra representa un período de negociación. Para crear una barra, indique el alto y bajo del precio de un período comercial y conéctelos con una línea vertical. A continuación, indique el precio de apertura en el lado izquierdo de la línea vertical que acaba de dibujar y conecte ese punto a la línea vertical con una línea horizontal. Finalmente, indique el precio de cierre en el lado derecho de la línea vertical que acaba de dibujar y conecte ese punto a la línea vertical con una línea horizontal.

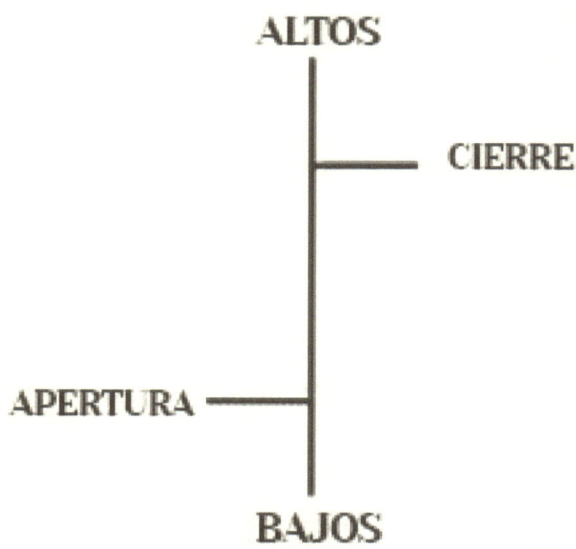

Ver dónde un par de divisas comenzó el período de negociación en comparación con donde terminó puede ayudarle a identificar mejor las tendencias. Si el precio cierra más alto de lo que abrió, sabe que los inversionistas fueron alcistas con respecto al par de divisas durante el período de negociación. Si el precio se cierra por debajo de lo que se abrió, fueron bajistas. Puede ver un ejemplo de un gráfico de barras a continuación.

Gráficos de Velas

Los gráficos de velas proporcionan información similar a los gráficos de barras pero en un formato ligeramente diferente. Los comerciantes técnicos muchas veces utilizan estos gráficos en lugar de los de barras porque es más fácil ver e identificar varios patrones comerciales con ellos. De hecho, alrededor de estos gráficos se desarrolló una línea completa de análisis técnico, el análisis de gráficos de velas japonesas.

El gráfico de velas va creando una serie de velas. Cada vela representa un período de negociación. Para crear una vela, indique el precio alto y bajo de un período comercial y conéctelos con una línea vertical. Esta línea se llama la sombra de la vela. A continuación, indique el precio de apertura dibujando una línea horizontal a través de la línea vertical, o sombra. Después de que haya indicado el precio de apertura, continúe con el precio de cierre dibujando otra línea horizontal a través de la línea vertical. Por último, rellene el área entre el precio de apertura y el precio de cierre. Esta área se le conoce como el cuerpo de la vela.

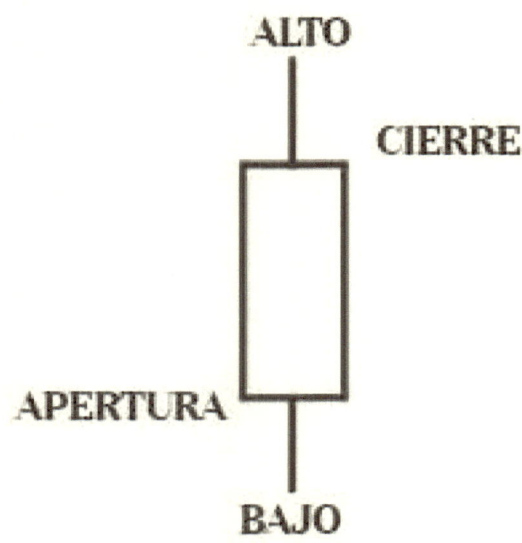

Ver dónde un par de divisas comenzó el período de negociación en comparación con donde terminó el período de negociación puede ayudarle a identificar mejor las tendencias. Si el precio cierra más alto de lo que abrió, sabe que los inversionistas fueron alcistas con respecto al par de divisas durante el período de negociación. Si el precio se cierra por debajo de lo que se abrió, fueron bajistas.

Puede ver un ejemplo de un gráfico de velas a continuación.

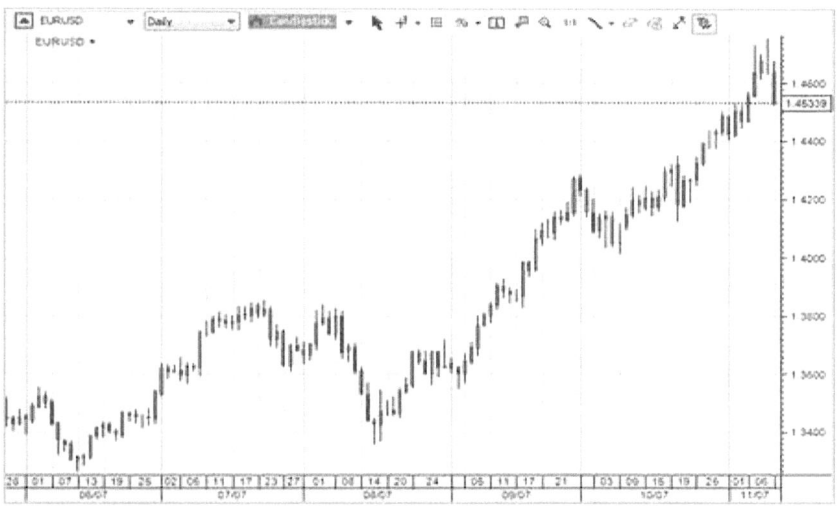

Wayne Walker

Indicadores Técnicos

Indicadores Técnicos

Los gráficos cuentan una historia del mercado. Sin embargo, de vez en cuando esos gráficos pueden contar una historia que no entiende y es posible que necesite la ayuda de un indicador. Los indicadores técnicos son los intérpretes del mercado Forex. Miran la información de precios y la traducen en señales fáciles de entender que pueden ayudarle a determinar cuándo comprar o vender.

Los indicadores técnicos se basan en ecuaciones matemáticas que producen un valor que luego se traza en el gráfico. Por ejemplo, una media móvil calcula el precio promedio de un par de divisas en el pasado y traza un punto en su gráfico. A medida que su gráfico de divisas avanza, la media móvil traza nuevos puntos según la información actualizada de precios que contiene. En última instancia, la media móvil le da una suave indicación de en qué dirección se está moviendo el par de divisas.

Cada indicador técnico proporciona información única. Encontrará que naturalmente gravitará hacia indicadores técnicos específicos basados en su estilo comercial, pero es importante familiarizarse con varios (no todos) de los indicadores técnicos que tiene disponible.

También debe tener en cuenta las debilidades de los indicadores técnicos: los indicadores técnicos analizan los datos históricos de precios, por lo tanto, no garantizan nada definitivo sobre el futuro. Los indicadores técnicos se dividen en las siguientes categorías: indicadores de tendencias, oscilantes y de volumen.

Indicadores De Tendencias

Los indicadores de tendencias, como sugiere su nombre, identifican y siguen la tendencia de un par de divisas. Los comerciantes de Forex son más rentables cuando los pares de divisas están en tendencia. Por lo tanto, es crucial poder identificar cuándo un par de divisas está en tendencia y cuándo se está consolidando. Si puede ingresar a sus operaciones poco después de que comience una tendencia y salir poco después de que termine, tendrá bastante éxito. Echemos un vistazo a algunos indicadores de tendencias.

Media Móvil

La media móvil es el indicador de tendencia más básico. Muestra en qué dirección va un par de divisas y dónde pueden estar los niveles potenciales de soporte y resistencia. La media móvil por si misma puede servir como soporte y resistencia. Mientras discutimos sobre ella, veremos los siguientes tres temas: Cómo se construyen, la señal de comercio, y sus fortalezas.

¿Cómo se Construye una Media Móvil?

La media móvil se forma encontrando el precio de cierre promedio de un par de divisas en un momento dado y luego trazando esos puntos en un gráfico. El resultado le proporciona una línea suave que sigue el movimiento del precio. Puede manipular la media móvil ajustando el período de tiempo que observa el indicador para obtener el precio promedio. Las medias móviles que observan menos periodos de tiempo para determinar un promedio son generalmente más volátiles. Aquellas que miran más periodos de tiempo para determinar un promedio son menos volátiles.

Señal de comercio de la media móvil

Las medias móviles proporcionan señales de comercio útiles de entrada y salida para los pares de divisas que son tendencias:

Señal de entrada - Cuando un par de divisas con tendencia al alza vuelve a subir después de alcanzar una media móvil de tendencia alcista, o con tendencia a la baja vuelve a bajar después de alcanzar una media móvil de tendencia bajista.

Señal de salida - Cuando realiza una operación comercial con un par de divisas con tendencia al alza, establezca una orden de detención por debajo de la media móvil. A medida que aumenta la media móvil, suba su orden también. Si el par de divisas crea una ruptura por debajo de la media móvil, su orden de detención de perdidas lo sacará de la operación comercial.

Cuando ingresa en una operación con un par de divisas a la baja, establezca una orden de pérdidas por encima de la media móvil. A medida que la media móvil cae, mueva su orden junto con la media móvil. Si el par de divisas crea una ruptura por encima de la media móvil, su orden de detención de perdidas cerrará su operación comercial.

Fortalezas de la media móvil

Las medias móviles disfrutan de las siguientes fortalezas: identifican tendencias simples y son lo suficientemente flexibles como para trabajar a corto y largo plazo. A diferencia de algunos indicadores, son muy fáciles de entender.

Indicadores Oscilantes

Indicadores Oscilantes

Son indicadores que se mueven hacia adelante y atrás a medida que los pares de divisas suben y bajan. Estos indicadores pueden ayudarle a determinar qué tan fuerte es la tendencia actual de un par de divisas y cuándo esa tendencia está en peligro de perder impulso y revertirse. Cuando el indicador oscilante se mueve demasiado alto, se considera que el par de divisas está sobrecomprado (compras excesivas y no quedan suficientes compradores en el mercado para impulsar el par de divisas). Esto indica que el par de divisas está en riesgo de una reversión o decaer.

Cuando un indicador oscilante se mueve demasiado bajo, se considera que el par de divisas está sobrevendido (ventas excesivas y no quedan suficientes vendedores en el mercado para presionar dicho par de divisas). Esto indica que el par de divisas está en riesgo de perder impulso y comenzar una reversión. Echemos un vistazo al siguiente indicador oscilante:

Divergencia y Convergencia en la Media Móvil (MACD)

La divergencia y convergencia en la media móvil (MACD) es un indicador oscilante que puede mostrarle cuándo cambia un impulso comercial de alcista a bajista y de bajista a alcista. El MACD también puede revelarle cuándo los comerciantes se están agotando, lo que generalmente resulta en una inversión de tendencia. El MACD generalmente se coloca debajo de los movimientos de precios en un gráfico. Para obtener más información sobre el MACD, veremos los siguientes temas: Creación del MACD, la señal de comercio, y sus Fortalezas.

Construyendo el MACD

La divergencia y convergencia de la media móvil se construye en base a una serie de medias móviles y cómo se relacionan entre sí. El MACD estándar analiza la relación entre un par de divisas de 12 períodos y una media móvil exponencial de 26 períodos. Específicamente, el MACD observa la distancia entre estas dos medias móviles. Si la media móvil de 12 períodos está por encima de la de 26 períodos, la línea MACD será positiva. Si la de 12 períodos está por debajo de la de 26 períodos, será negativa.

La línea MACD está acompañada por una línea de activación. Esta línea es una media móvil exponencial de 9 períodos de la línea MACD.

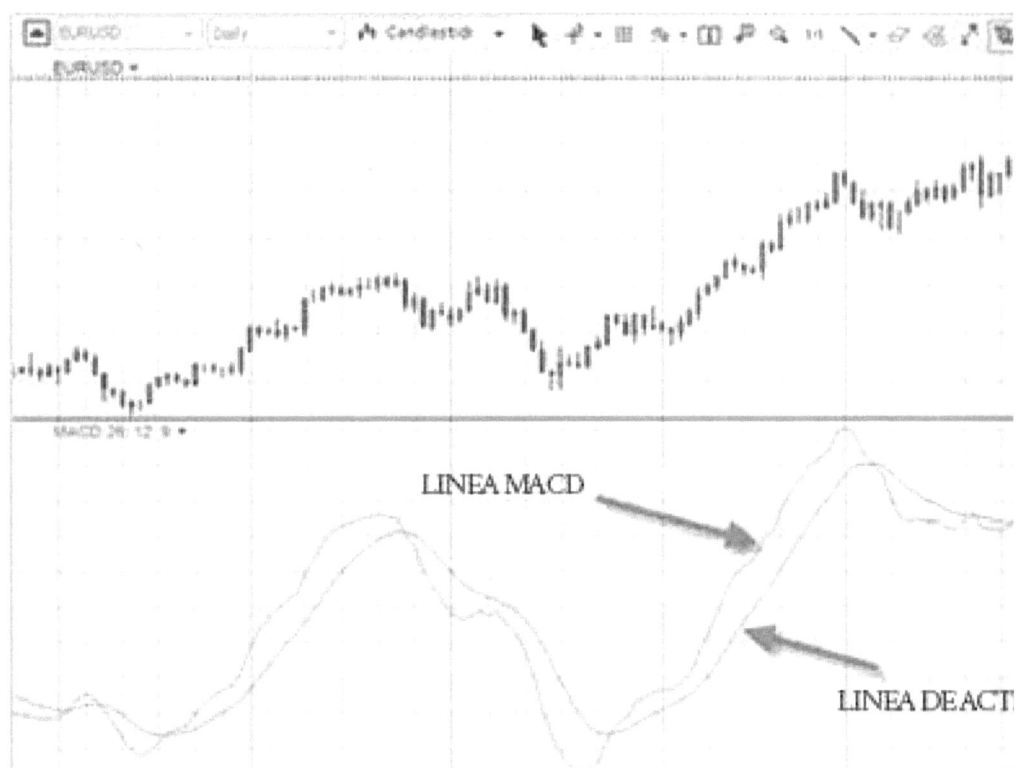

Señal de Comercio

La divergencia y convergencia la media móvil (MACD) da señales de comercio cuando cruza de un lado a otro por encima y debajo de la línea de activación.

Señal de Entrada - cuando la MACD cruza por encima de la línea de activación, puede comprar el par de divisas sabiendo que el impulso cambio de bajista a alcista. En cambio cuando cruza por debajo de la línea de activación, puede vender sabiendo que el impulso cambio de alcista a bajista.

Señal de Salida - cuando la MACD cruza por debajo de la línea de activación después de haber comprado el par de divisas, puede volver a venderlas sabiendo que el impulso se ha tornado bajista. En cambio cuando cruza por encima de la línea de activación después de haber vendido el par de divisas, puede volver a comprarlas sabiendo que el impulso volvió a ser alcista.

Fortalezas de la Divergencia y Convergencia de la Media Móvil

La divergencia y convergencia de la media móvil (MACD) tiene las siguientes fortalezas: le ayuda a identificar cuándo cambia el impulso de un par de divisas y le ayuda a confirmar la fortaleza de las tendencias actuales.

Indicadores de Volumen

Las divisas se negocian en el Intermercado y no en una central de cambio, por lo tanto, no se dispone de datos de volumen para transacciones de divisas. Sin datos de volumen no se pueden construir indicadores de volumen. Por lo tanto, no utilizamos indicadores de volumen en Forex. Puede obtener más información sobre los indicadores de volumen a medida que diversifica sus negociaciones en acciones y futuros.

Patrones de comercio regional

Norteamérica

Los fundamentos se mezclan muy bien con una combinación de indicadores como RSI, MA y MACD.

Europa del sur

En todos los diferentes mercados e instrumentos, las medias móviles se utilizan en gran medida para identificar tendencias, mientras que los osciladores RSI y Estocásticos se utilizan para el impulso y los movimientos laterales en el mercado.

Europa del Este

En su mayoría usan la MACD para tendencias Forex y bandas Bollinger para movimientos laterales.

Norte de Europa

Muchos nórdicos negocian acciones y contrapartes CFD. Usando el volumen comercial de las acciones, los movimientos de precios a menudo se pueden predecir a través del análisis de impulso antes de que ocurran.

Wayne Walker

Análisis de Fibonacci

Análisis técnico: Fibonacci

El análisis de Fibonacci es conocido por ayudar a identificar niveles de soporte y resistencia potenciales en el futuro en base a tendencias y reversiones anteriores de precios. El análisis de Fibonacci se basa en los descubrimientos matemáticos de Leonardo Pisano, también conocido como Fibonacci. A quien se le atribuye el descubrimiento de una secuencia de números que ahora lleva su nombre, la secuencia de Fibonacci. La secuencia de Fibonacci es una serie de números que progresa de la siguiente manera, 0, 1, 1, 2, 3, 5, 8, 13, 21, 34, 55 ... Para llegar a cada número subsiguiente en la secuencia, simplemente se suman Los dos números anteriores en la secuencia. Por ejemplo, para encontrar el número que sigue a 55 en la secuencia, sume 55 + 34 (los dos números anteriores en la secuencia). La suma de 55 + 34 es 89. Este es el siguiente número en la secuencia.

Lo que atrajo a Fibonacci sobre esta secuencia no fueron los números en sí, sino las relaciones entre los números o las relaciones creadas por varios números en la secuencia. Quizás la proporción más importante es 1.618 también conocida como el número de oro o áureo. Este número se puede encontrar en toda la naturaleza y en toda la secuencia de Fibonacci. Cada número en la secuencia de Fibonacci es 1.618 veces más grande que el número anterior. Por ejemplo, 89 es 1.618 veces más grande que 55 (89/55 = 1.618).

El numero áureo y los demás que existen dentro de la secuencia de Fibonacci representan el flujo natural de la vida. También son aplicables al flujo natural del mercado Forex. En este capítulo, aprenderá cómo las proporciones de Fibonacci se pueden aplicar en Forex utilizando las siguientes herramientas de análisis: retrocesos, proyecciones y ventiladores de Fibonacci.

Retrocesos de Fibonacci

Cuando un par de divisas gira o invierte la tendencia, los comerciantes de Forex, querrán saber a qué distancia es más probable que se mueva el par. Los niveles de retroceso de Fibonacci pueden ayudar. Ciertas proporciones de Fibonacci son útiles cuando intenta determinar hasta qué punto un par de divisas retrocederá frente a una tendencia anterior. Las proporciones que utilizará en su comercio Forex le ayudarán a encontrar los siguientes niveles de retroceso:

61.8 por ciento	Este nivel se encuentra dividiendo un número en la secuencia de Fibonacci por el número que lo sigue en la secuencia (55/89 = 61.8%).
38.2 por ciento	Este nivel se encuentra dividiendo un número en la secuencia de Fibonacci por el segundo número que lo sigue en la secuencia (34/89 = 38.2%).
23.6 por ciento	Este nivel se encuentra dividiendo un número en la secuencia de Fibonacci por el tercer número que lo sigue en la secuencia (21/89 = 23.6%).

También utilizará otros tres niveles en su análisis de retrocesos. Aunque los siguientes niveles no se calculen utilizando números dentro de la secuencia de Fibonacci, se basan en los niveles anteriores:

50 por ciento	Este nivel se determina al encontrar la mitad entre 61.8 por ciento y 38.2 por ciento ((61.8% + 38.2%) / 2 = 50%).
76.4 por ciento	Este nivel se determina encontrando la distancia entre 38.2 por ciento y 23.6 por ciento (38.2% - 23.6% = 14.6%) y agregándolo al 61.8 por ciento

	(61.8% + 14.6% = 76.4%).
100 por ciento	Este nivel se determina al encontrar dónde comenzó la tendencia anterior.

La determinación de los seis niveles de retroceso de Fibonacci le brinda unos potenciales niveles de soporte y resistencia que puede utilizar en Forex. Puede ver estos niveles de Fibonacci en el gráfico GBP / USD a continuación. Cada uno de los niveles ilustrados se calculó en función de la tendencia resaltada por la flecha roja. Puede usar cada nivel para ayudarle a determinar cuándo ingresar y salir de sus operaciones, ya que el par de divisas comenzó a girar y bajar.

Observe cómo el precio del par de divisas se movió de un lado a otro, rebotando en estos niveles de soporte y resistencia durante meses hasta que finalmente se recupere por encima del máximo establecido por la tendencia anterior (también conocida como nivel de cero por ciento) a finales de octubre.

Proyecciones de Fibonacci

Las tendencias rara vez van directamente hacia arriba o hacia abajo. Al principio se mueven en una dirección, luego retroceden y van en la dirección opuesta por un tiempo y luego retroceden y continúan moviéndose en la dirección anterior. Este es el flujo natural de una tendencia.

Cuando un par de divisas retoma su tendencia anterior, los comerciantes de Forex, naturalmente, quieren saber hasta qué punto es más probable que continúen moviéndose. Los niveles de proyección de Fibonacci pueden ayudar con eso. Ciertas proporciones de Fibonacci son útiles cuando intenta determinar qué tan lejos se moverá un par una vez que reanude su tendencia anterior. Las proporciones que utilizará en sus operaciones le ayudarán a encontrar los siguientes niveles de proyección:

161.8 por ciento	Este nivel se encuentra dividiendo un número en la secuencia de Fibonacci por el número que lo precede inmediatamente en la secuencia (89/55 = 161.8%).
261.8 por ciento	Este nivel se encuentra dividiendo un número en la secuencia de Fibonacci por el segundo número que lo precede en la secuencia (89/34 = 261.8%).
423.8 por ciento	Este nivel se encuentra dividiendo un número en la secuencia de Fibonacci por el tercer número que lo precede en la secuencia (89/21 = 423.8%).

La determinación de los tres niveles de proyección de le brinda unos potenciales niveles de soporte y resistencia que puede utilizar en su comercio Forex.

Puede ver estos niveles de Fibonacci en el gráfico GBP / USD. Cada uno de los niveles ilustrados se calculó en función de la tendencia resaltada por la flecha roja. Ahora que el grafico GBP / USD ha reanudado su tendencia alcista, puede usar cada nivel para ayudarle a determinar dónde establecer sus objetivos de ganancias (niveles de salida) al comprar ese par de divisas.

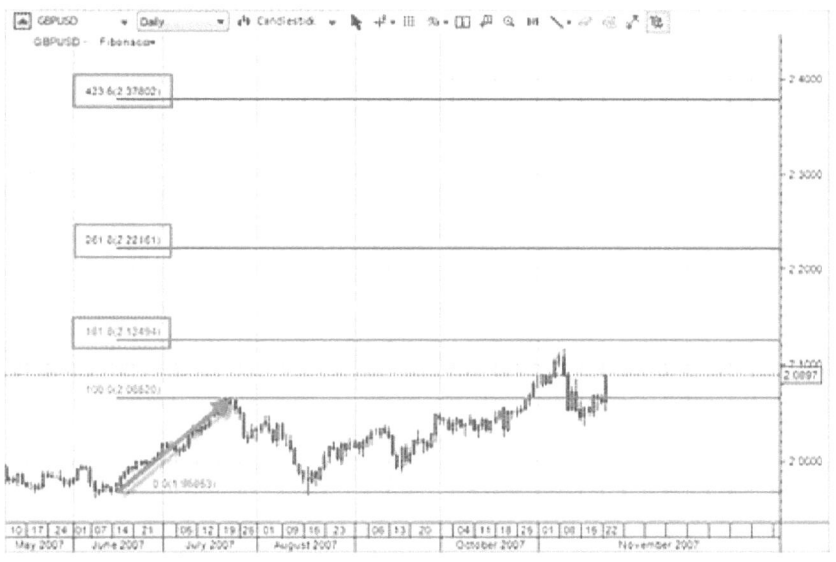

Tenga en cuenta que el par de divisas, basado en la tendencia pasada, tiene el potencial de ascender hasta el nivel de proyección del 161.8 por ciento en un futuro cercano. Si alcanza ese nivel, puede establecer el nivel de proyección de 261.8 por ciento como su próximo nivel objetivo de ganancias.

Ventiladores de Fibonacci

Los niveles de Fibonacci proporcionan niveles diagonales de soporte y resistencia, así como también horizontales. Los niveles diagonales de soporte y resistencia se denominan ventiladores de Fibonacci. Los ventiladores de Fibonacci se basan en tres niveles de retroceso de Fibonacci 61.8, 50 y 38.2 por ciento. Para construir un ventilador de Fibonacci, debe hacer lo siguiente:

1. Identificar la tendencia

2. Identificar los tres niveles horizontales de Fibonacci (61.8, 50 y 38.2 por ciento) según se relacionan con la tendencia

3. Dibuje una línea vertical que cruce estos niveles en el punto donde terminó la tendencia.

4. Dibuje tres líneas, cada una comenzando donde inició la tendencia y cruzando a través de un punto separado donde la línea vertical cruza uno de los niveles de Fibonacci

Ahora que tiene sus ventiladores de Fibonacci dibujados, puede utilizarlos para proyectar posibles niveles de soporte y resistencia que puede usar en su comercio Forex.

Puede ver un ventilador de Fibonacci en el gráfico GBP / USD mostrado a continuación. Cada uno de los niveles ilustrados se calculó en función de la tendencia resaltada por la flecha roja. Puede usar las rayas del abanico para ayudarle a determinar cuándo ingresar y salir de sus operaciones, ya que el par de divisas comenzó a girar y bajar.

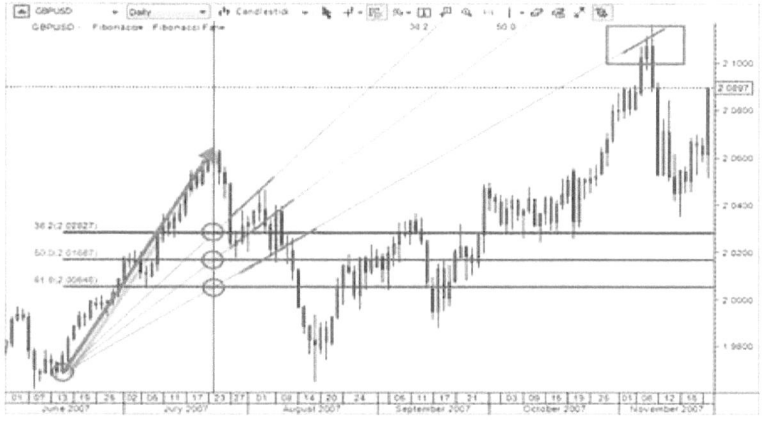

Observe cómo el precio rebotó en la raya media del ventilador de Fibonacci por un tiempo a principios de agosto, antes de que se saliera de ese nivel y comenzara a rebotar en la raya inferior del ventilador durante unos días. También es interesante ver que los niveles creados continúan siendo un factor en el futuro. Puede ver cómo el GBP / USD se recuperó después de alcanzar la raya inferior del ventilador cuatro meses después en noviembre.

Material Regional: Fibonacci en USA y Europa.

En Europa del Este, Fibonacci es una herramienta muy popular para el análisis de tendencias para los principales pares de divisas, sin embargo, muchos comerciantes estadounidenses lo utilizan para encontrar niveles de soporte y resistencia, y para comerciar rupturas.

En el sur de Europa, Fibonacci es un indicador muy común en la caja de herramientas de los comerciantes experimentados. Una cantidad considerable utilizan Fibonacci para analizar los desgloses. En general, Fibonacci se usa principalmente para identificar los niveles de soporte y resistencia en Forex.

Wayne Walker

Patrones de precios

Análisis Técnico: Patrones de Precios

Los comerciantes votan con su dinero. Si creen que un par de divisas se moverá hacia arriba, comprarán. Si creen que bajara, venderán. Cuando el dinero está en juego, los comerciantes harán lo que sea necesario para obtener ganancias. A menudo, las acciones de estos comerciantes forman patrones de precios en los gráficos.

Los patrones de precios son formaciones gráficas que brindan información sobre lo que piensan los comerciantes de Forex a distintos niveles de precios. Aprender a reconocer dichos patrones de precios le dará una ventaja sobre los comerciantes que solo están utilizando fundamentos o indicadores técnicos. Imagínese tener la capacidad de identificar con precisión los puntos de entrada a una transacción cuando un par se sale de sus niveles y la capacidad de proyectar con precisión qué tan lejos llegara una vez que comience a moverse. Los patrones de precios le ayudan con eso. Los mismos se dividen en las siguientes dos categorías: Patrones de continuación, Patrones de inversión.

Patrones de Continuación

Los comerciantes de Forex se preguntan frecuentemente, "¿por cuánto tiempo continuará esta tendencia?". Decidir si entrar en medio de una tendencia o salir en la que está y bloquear sus ganancias es difícil. Nunca se puede saber si se invertirán y comenzarán a moverse en la dirección opuesta, ¿o sí? Los patrones de continuación le proporcionan una advertencia temprana cuando es probable que un par de divisas continúe su tendencia después de un breve período de consolidación y qué tan probable es que se muevan en dicha dirección. Obviamente, los patrones de continuación no son perfectos, pero aumentan las probabilidades de tener éxito. Veremos algunos de los bien conocidos patrones de continuación de precios.

Banderines

Los banderines son patrones de continuación que se forman a medida que el precio de un par de divisas se mueve hacia un rango de consolidación cada vez más ajustado. Los banderines pueden ser alcistas o bajistas, dependiendo de cuál era la tendencia antes de que el banderín comenzara a formarse. Si un par estaba en una tendencia alcista antes de que el banderín comenzara a formarse, es un patrón de continuación alcista. Si es una tendencia bajista, es un patrón de continuación bajista. Los banderines generalmente se forman en períodos de tiempo más cortos. Todos los banderines poseen las siguientes características:

Nivel de Resistencia (A) – nivel de resistencia descendente que está convergiendo con el nivel de soporte.
Nivel de Soporte (B) – nivel de soporte ascendente que está convergiendo con el nivel de resistencia.

Asta (C) – es la tendencia que precede a la formación del banderín. El asta abarca la distancia desde el comienzo de la tendencia hasta el punto más alto del banderín (banderín alcista), o abarca la distancia desde el comienzo de la tendencia hasta el punto más bajo del banderín (banderín bajista).

Punto de Ruptura (D) – es el punto en el que un par de divisas crea una ruptura por encima del nivel de resistencia de una tendencia bajista (banderín alcista), o por debajo del nivel de soporte de una tendencia alcista (banderín bajista).

Proyección de Precios (E) – es el precio más probable al que el par de divisas caerá después de que haya salido de la formación del banderín (banderín bajista), o al que probablemente subirá después de que haya salido de la formación del banderín (banderín alcista). La distancia a la cual se proyecta que se moverá el par de divisas es igual a la altura del asta.

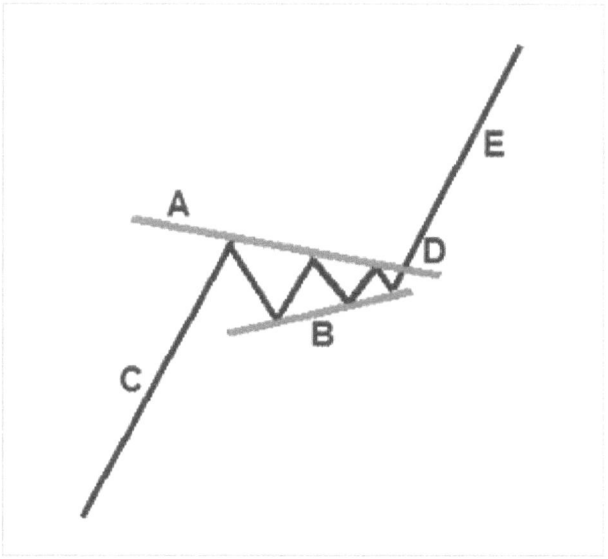

Banderas

Son patrones de continuación que se forman a medida que el precio de un par de divisas se aleja de la tendencia predominante en un canal paralelo. Pueden ser alcistas o bajistas, según la tendencia antes de que la bandera comience a formarse. Si un par de divisas estaba en una tendencia alcista antes de que la bandera comenzara a formarse, es un patrón de continuación alcista. Si estaba en una tendencia bajista, es de continuación bajista. Las banderas generalmente se forman en períodos de tiempo más cortos. Todas las banderas poseen las siguientes cinco características:

Nivel de Resistencia (A) - nivel de resistencia descendente que es paralelo al nivel de soporte (bandera alcista), o un nivel de resistencia ascendente que es paralelo al nivel de soporte (bandera bajista).

Nivel de Soporte (B) - nivel de soporte de tendencia descendente que es paralelo al nivel de resistencia (bandera alcista), o un nivel de soporte de tendencia ascendente que es paralelo al nivel de resistencia (bandera bajista).

Asta (C) – Es la tendencia que precede a la formación de la bandera. El asta abarca la distancia desde el comienzo de la tendencia hasta el punto más alto de la bandera (bandera alcista), o la distancia desde el comienzo de la tendencia hasta el punto más bajo de la bandera (bandera bajista).

Punto de Ruptura (D) es el punto en el que el par de divisas crea una ruptura por encima del nivel de resistencia de la tendencia bajista (bandera alcista), o por debajo del nivel de soporte de la tendencia alcista (bandera bajista).

Proyección de Precios (E) – es el precio al que probablemente el par de divisas caerá más después de que haya salido de la formación de bandera (bandera bajista), o al que probablemente subirá después de que haya salido de la formación de bandera (bandera alcista) . La distancia a la cual se proyecta que se moverá el par de divisas es igual a la altura del asta.

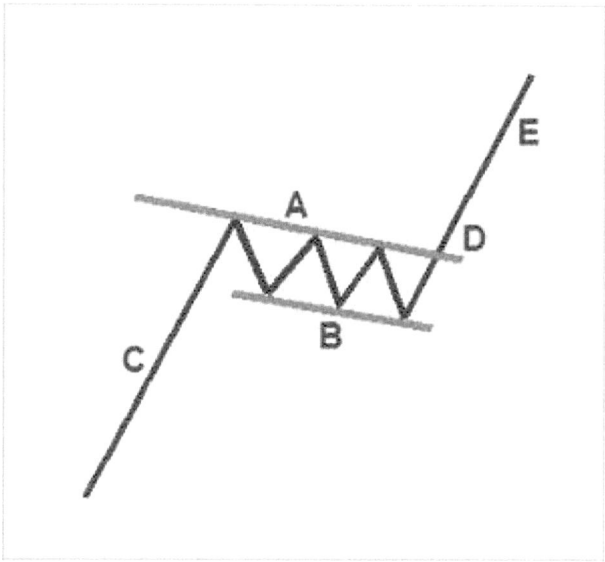

Triángulos

Los triángulos son patrones de continuación que se forman cuando el precio de un par de divisas alcanza un nivel plano de soporte o resistencia y comienza a moverse hacia un rango de consolidación cada vez más estrecho.

Los triángulos pueden ser alcistas o bajistas, según la tendencia antes de que la cuña comenzara a formarse. Si un par de divisas estaba en tendencia alcista antes de que el triángulo comenzara a formarse, es un patrón de continuación alcista. Si estaba en una tendencia bajista, es un patrón de continuación bajista. Los triángulos generalmente se forman durante períodos de tiempo prolongados.

Todos los triángulos tienen las siguientes características:

Nivel de Resistencia (A) - nivel horizontal de resistencia (triángulo alcista o ascendente), o nivel de resistencia descendente que converge con el nivel de soporte (triángulo descendente).

Nivel de Soporte (B) - nivel de soporte ascendente que está convergiendo con el nivel de resistencia (triángulo alcista o ascendente), o nivel de soporte horizontal (triángulo descendente o descendente).

Asta (C) – es la tendencia que precede a la formación del triángulo. El asta abarca la distancia desde el comienzo de la tendencia hasta el punto más alto del triángulo (triángulo alcista o ascendente), o la distancia desde el comienzo de la tendencia hasta el punto más bajo del triángulo (bajista o descendente).

Punto de Ruptura (D) – es el punto en el que el par de divisas crea una ruptura por encima del nivel horizontal de resistencia (triángulo alcista o ascendente), o por debajo del nivel de soporte horizontal (triángulo descendente o bajista).

Proyección de Precios (E) – es el precio al que el par de divisas probablemente caerá más después de que haya salido de la formación del triángulo (triángulo bajista o triángulo descendente), o al que probablemente subirá (tendencia alcista o triángulo ascendente). La distancia a la cual se proyecta que se moverá el par de divisas es igual a la altura del asta.

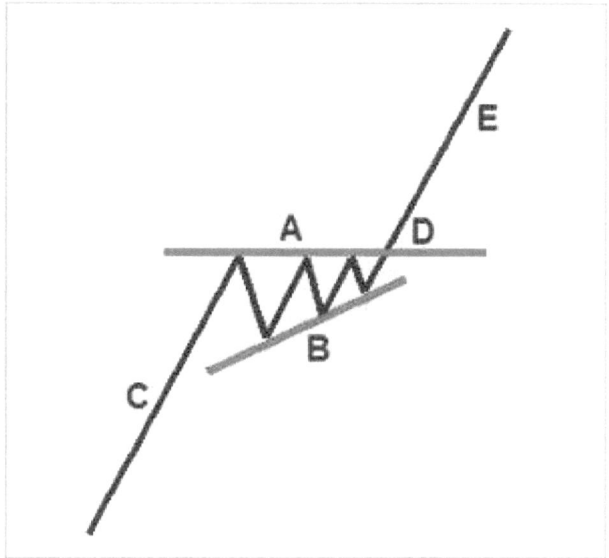

Patrones de Inversión

Como ya hemos mencionado, los comerciantes de Forex a menudo se preguntan: "¿cuánto tiempo continuará esta tendencia?" Decidir si una tendencia ha terminado y si es el momento de comerciar en contra de la tendencia anterior es difícil. Nunca se sabe el 100% si un par se va a invertir y se moverá en la dirección opuesta. Los patrones de inversión le darán una idea anticipada de cuándo es probable que un par de divisas gire y comience una nueva tendencia y qué tan probable es que se muevan en la dirección opuesta. Revisemos los siguientes patrones de reversión de precios:

Doble Techo y Suelo

Son patrones de inversión que se forman cuando el precio de un par de divisas alcanza un nivel de soporte o resistencia dos veces antes de que el par gire y se mueva en la dirección opuesta. Los doble techo son patrones de inversión bajista y los doble suelo son de inversión alcista.

Si un par de divisas está en una tendencia alcista, formará un doble techo. Si un par de divisas está en una tendencia bajista, formará un doble suelo. Dichos dobles generalmente se forman durante largos períodos de tiempo y tienen las siguientes características:

Nivel de Resistencia (A) - Nivel horizontal de resistencia.

Nivel de Soporte (B) - Nivel horizontal de soporte.

Punto de Ruptura (C) – es el punto en el que el par de divisas crea una ruptura por encima del nivel horizontal de resistencia (doble suelo), o por debajo del nivel horizontal de soporte (doble techo).

Proyección de Precios (D) – se trata del precio al que el par de divisas probablemente caerá más después de que haya salido de la formación de doble techo, o al que probablemente subirá después de que haya salido de la formación de doble suelo.

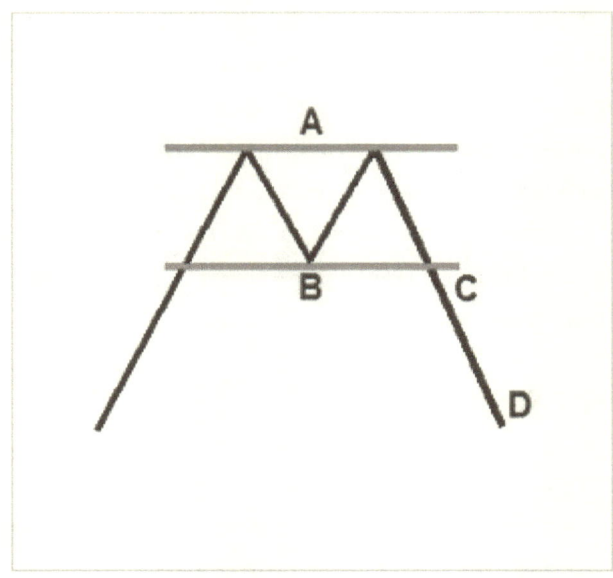

Triple Techos y Suelos

Son patrones de inversión que se forman cuando el precio de un par de divisas alcanza un nivel de soporte o resistencia tres veces antes de que gire y se mueva en la dirección opuesta. Los triples techo son patrones de inversión bajista y los triple suelo son de inversión alcista. Si un par de divisas está en una tendencia alcista, formará un triple techo. Si está en una tendencia bajista, formará un triple suelo. Generalmente se forman durante largos períodos de tiempo.

El triple techo y el suelo tienen las siguientes características:

Nivel de Resistencia (A) - Nivel de resistencia horizontal o ligeramente en ángulo.

Nivel de Soporte (B) - Nivel de soporte horizontal o ligeramente en ángulo.

Punto de Ruptura (C) – es el punto en el que el par de divisas crea una ruptura por encima del nivel horizontal de resistencia (triple suelo), o por debajo del nivel horizontal de soporte (triple techo).

Proyección de Precios (D) – es el precio al que el par de divisas probablemente caerá más después de que haya salido de la formación de triple techo, o al que probablemente subirá después de que haya salido de la formación de triple suelo.

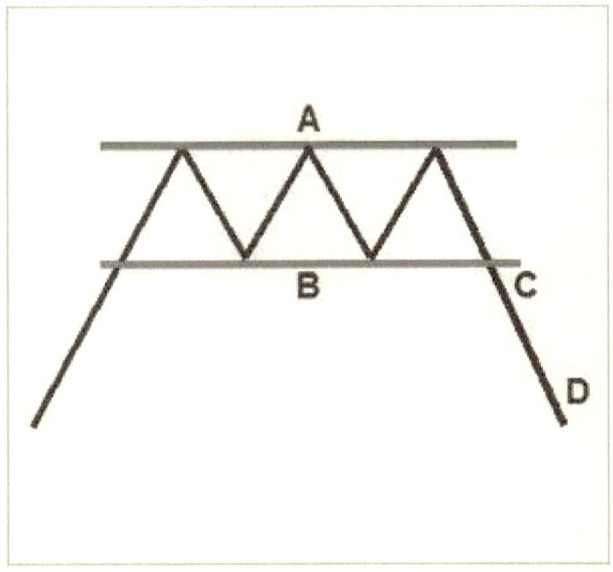

Hombro-Cabeza-Hombro Parte Superior e Inferior

La parte superior de una figura Hombro-Cabeza-Hombro es un patrón de inversión que se forma cuando el precio de un par de divisas alcanza un nivel de resistencia (formando el primer hombro), luego forma una ruptura en el primer nivel de resistencia y alcanza un nivel más alto (formando la cabeza) y luego llega al primer nivel de resistencia nuevamente (formando el segundo hombro).

La parte inferior de una figura Hombro-Cabeza-Hombro es un patrón de inversión que se forma cuando el precio de un par de divisas alcanza un nivel de soporte (formando el primer hombro), luego forma una ruptura en el primer nivel de soporte y alcanza un nivel más bajo (formando la cabeza) y luego llega al primer nivel de soporte nuevamente (formando el segundo hombro).

La parte superior de una figura Hombro-Cabeza-Hombro es un patrón de inversión bajista y la parte inferior es alcista. Si un par de divisas está en una tendencia alcista, formará una parte superior y si está en una tendencia bajista, formará una inferior. Las partes superiores e inferiores generalmente se forman durante largos períodos de tiempo y poseen las siguientes cinco características:

Hombro Izquierdo (A) - nivel de resistencia horizontal, (parte superior), nivel de soporte horizontal o ligeramente inclinado, (parte inferior).

Cabeza (B) - nivel de resistencia horizontal más alto (parte superior), nivel de soporte horizontal más bajo, o ligeramente inclinado (parte inferior).

Hombro Derecho (C) - Nivel de resistencia horizontal o ligeramente en ángulo que está en línea con el hombro izquierdo (parte superior), o nivel de soporte horizontal que está en línea con el hombro izquierdo (parte inferior).

Línea de Cuello (D) - Nivel de soporte horizontal o ligeramente en ángulo (parte superior), o nivel de resistencia horizontal o ligeramente en ángulo (parte inferior).

Punto de Ruptura (E) – es el punto en el que el par de divisas crea una ruptura por encima de la línea del cuello (parte inferior), o por debajo de la línea del cuello (parte superior).

Proyección de Precios (F) – es el precio al que el par de divisas probablemente caerá más después de que haya salido de la formación superior, o el precio al que probablemente subirá después de que haya salido de la formación inferior.). La distancia a la cual se proyecta que se moverá el par de divisas es igual a la distancia entre la cabeza y el cuello.

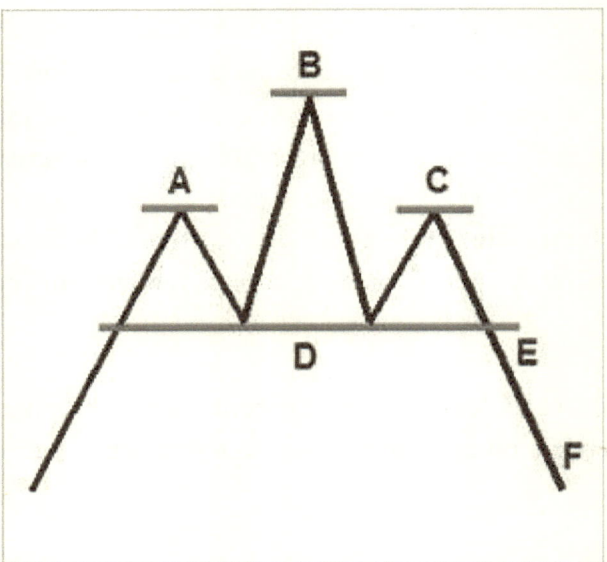

Usando Varios Marcos de Tiempo

Comerciando con Múltiples Marcos de Tiempo

Los comerciantes con prácticamente cualquier tamaño de cuenta y tolerancia al riesgo operan en el mercado Forex. En cualquier momento dado, los inversionistas a corto plazo y los comerciantes de análisis fundamental a largo plazo están buscando los mismos pares de divisas y están tratando de averiguar cómo colocar o ajustar sus operaciones. Sin embargo, si bien pueden estar mirando lo mismo, no están mirando con los mismos marcos de tiempo. Los comerciantes a corto plazo tienen más probabilidades de ver los gráficos de 5 minutos a 15 minutos, mientras que los de a largo plazo tienen más probabilidades de ver los gráficos diarios o mensuales.

Las tendencias, las líneas de soporte y resistencia y los indicadores técnicos se ven muy diferentes en un gráfico de 1 minuto que en un gráfico diario. Por ejemplo, si mira un gráfico de 1 minuto del EUR / USD y observa que el par parece estar en una tendencia bajista, pero si ajusta su gráfico a una configuración diaria, puede ver que el par de divisas ha estado en una tendencia alcista durante semanas. Entonces, ¿cuál gráfico está en lo correcto? ¿Está el EUR / USD en una tendencia alcista o bajista? ... depende de su marco de negociación.

Los comerciantes de Forex comercian con una tendencia a largo plazo. Han tenido un mayor tiempo para establecerse, y se necesitará una gran ruptura para cambiar su dirección. Obviamente, si ve que los fundamentos cambian para una moneda o un anuncio de noticias que afectan a una moneda, puede comerciar contra la tendencia a largo plazo si utiliza una buena gestión de riesgo. Siempre debe estar alerta a las tendencias y a los niveles de soporte y resistencia en múltiples marcos de tiempo. Esto le permite identificar qué tan fuertes son las diferentes tendencias. El uso de múltiples marcos de tiempo en sus gráficos le ayudara a afinar su análisis técnico.

Debe analizar los siguientes tres gráficos en su análisis técnico: Gráfico de tendencias (largo plazo), Gráfico de señales, Gráfico de sincronización (corto plazo). Una vez que haya analizado cada marco de tiempo, puede combinarlos para crear una configuración de alta probabilidad.

Gráfico de Tendencias

El gráfico de tendencias le ayuda a identificar la tendencia principal con la que debe tratar de comerciar. Si el par de divisas en el gráfico de tendencias tiene una tendencia alcista, debe buscar comprar. Si tiene una tendencia bajista, debería vender. Para identificar el marco de tiempo que debe usar para su gráfico de tendencias, primero debe identificar el marco de tiempo que normalmente usa en sus gráficos de señales. Una vez que haya identificado el marco de tiempo de su grafico de señales, debe incrementarlo para encontrar el que debe usar en su grafico de tendencias. La siguiente es una lista de los marcos de tiempo más comunes del grafico de señales que puede usar para identificar el marco de tiempo apropiado para su gráfico de tendencias:

Wayne Walker

Gráfico de señal 1-minuto	=	Gráfico de Tendencia 15- a 30-minutos
Gráfico de señal 5-minutos	=	Gráfico de Tendencia 1-hora
Gráfico de señal 15- a 30-minutos	=	Gráfico de Tendencia 4-horas
Gráfico de señal 1-hora	=	Gráfico de Tendencia 1-dia
Gráfico de señal 1-dia	=	Gráfico de Tendencia 1-semana
Gráfico de señal 1- semana	=	Gráfico de Tendencia 1-mes

Por ejemplo, si normalmente comercia con el EUR / USD mirando un gráfico de 1 hora, debe usar un gráfico de tendencias de 1 día. Si usa un gráfico de 15 minutos, debe usar un gráfico de tendencias de 4 horas.

Una vez que haya identificado el marco de tiempo que debe usar para su gráfico de tendencias, todo lo que debe hacer es determinar cuál es la tendencia que prevalece en el gráfico. Puede usar el soporte diagonal y los niveles de resistencia o media móvil para identificar la tendencia. Puede ver en nuestro grafico semanal EUR / USD que tanto el nivel de soporte diagonal como la media móvil indican que este par de divisas está en una tendencia alcista.

100

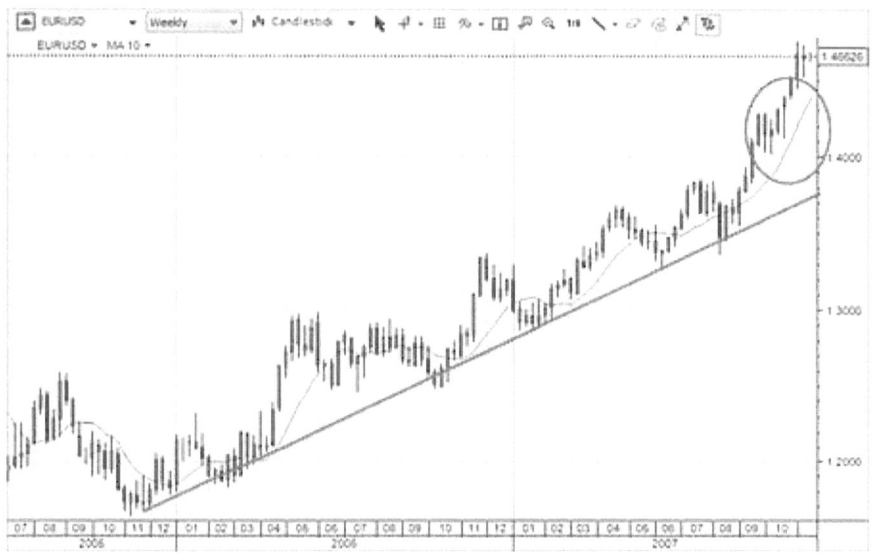

Si hay una tendencia alcista en su gráfico de tendencias, debe buscar señales de compra en su gráfico de señales. Si hay una tendencia bajista, debe buscar señales de venta. Una vez que haya identificado la tendencia, necesitara identificar a continuación las señales de comercio rentables.

Gráfico de Señales

El gráfico de señales es su gráfico más importante. Proporciona las señales de negociación que le indican cuándo buscar oportunidades de compra y venta según el sistema de negociación que utiliza. Por ejemplo, si normalmente usa el índice de canales de productos básicos (CCI) para ayudarle a identificar las señales de negociación, usará el grafico de señales allí y no en el gráfico de tendencias.

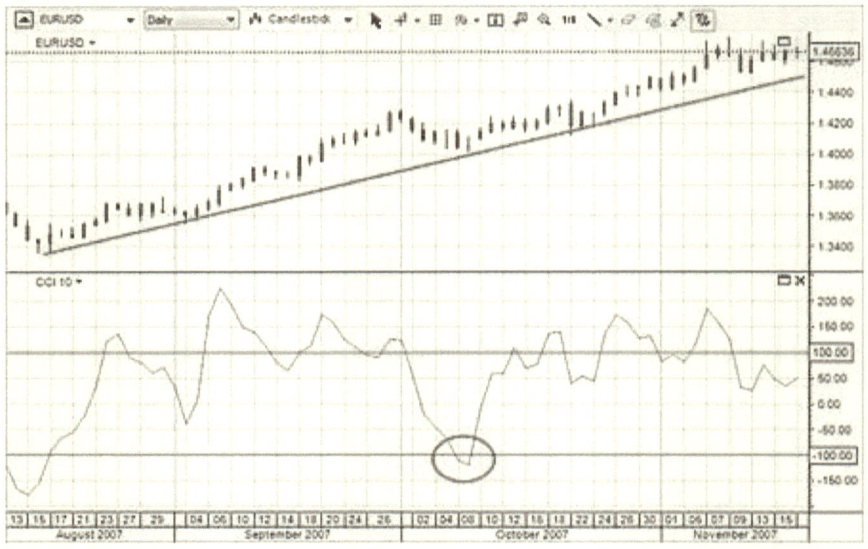

El uso de un gráfico de señales junto con un gráfico de tendencias le permite identificar con mayor precisión posibles señales rentables. Por ejemplo, si su gráfico de tendencias muestra que el par de divisas está en una tendencia alcista, solo debe buscar señales de compra en su gráfico de señales. La mejor manera de aprovechar una tendencia alcista a largo plazo es comprando. Si su gráfico de tendencias muestra que el par de divisas está en una tendencia bajista, solo debe buscar señales de venta en su gráfico de señales. La mejor manera de aprovechar una tendencia bajista a largo plazo es vendiendo.

El gráfico de tendencias le permite ignorar las señales menos rentables que ve en su gráfico de señales. Dado que estas señales van en contra de la tendencia a largo plazo, es muy probable que no sean rentables. Ahora que ya ha identificado sus señales de negociación, necesita determinar exactamente cuándo debe ingresar y salir de sus operaciones comerciales utilizando su grafico de sincronización

Gráfico de Sincronización

El grafico de sincronización le ayuda a calcular exactamente cuándo debe ingresar y salir de una operación comercial. Cada pip cuenta cuando es un comerciante de Forex, cuanto más preciso sea con sus puntos de entrada y salida, más ganancias obtendrá. La siguiente es una lista de los marcos de tiempo más comunes de los gráficos de señales que puede usar para identificar el período de tiempo adecuado para su gráfico de sincronización:

Gráfico de señal 1-minuto	=	Gráfico de sincronización Tic
Gráfico de señal 5-minutos	=	Gráfico de sincronización 1-minuto
Gráfico de señal 15- a 30-minutos	=	Gráfico de sincronización 5-minutos
Gráfico de señal 1-hora	=	Gráfico de sincronización 15-minutos
Gráfico de señal 1-dia	=	Gráfico de sincronización 1-hora
Gráfico de señal 1- semana	=	Gráfico de sincronización 1-día
Gráfico de señal 1-mes	=	Gráfico de sincronización 1-semana

Puede usar uno de los dos métodos siguientes al ubicar las señales de entrada y salida en sus gráficos de sincronización:

103

1. Identificar la tendencia junto con los niveles de soporte y resistencia.

2. Use el mismo indicador técnico que utiliza para generar sus señales de comercio

Identifique la tendencia junto al soporte y la resistencia si ve una señal de compra en su tabla de señales, necesita que el par de divisas este en una tendencia alcista en el gráfico de sincronización. También debe revisar que el precio esté más cerca del soporte que de la resistencia, esto indica que tiene espacio para subir antes de llegar a la resistencia. Por supuesto, si se acaba de hacer una ruptura a través de la resistencia, podría continuar subiendo.

Si usa un indicador técnico como el índice de canal de productos básicos (CCI) en su gráfico de señales para generar señales de compra y venta, también puede usar ese mismo indicador en su gráfico de sincronización para ayudarle a identificar cuándo debe entrar o salir. Por ejemplo, si usó el CCI en su gráfico de señales y arrojo una señal de compra, debe agregar el CCI a su gráfico de sincronización y así se asegurara de que también le dé una señal de compra en su gráfico de sincronización. Si el CCI no está dando una señal de compra en el gráfico de sincronización debe esperar por la señal antes de entrar.

Wayne Walker

Configuración Comercial de Alta Probabilidad

Configuración Comercial de Alta Probabilidad

Observemos cómo se ve una configuración de comercio de alta probabilidad utilizando un enfoque de comercio con múltiples marcos de tiempo. Analizaremos un ejemplo del EUR / USD utilizando un gráfico semanal como gráfico de tendencias, un gráfico diario como gráfico de señales y un gráfico de 1 hora como gráfico de sincronización.

Primero, verifique su gráfico de tendencias para ver en qué dirección está la tendencia de la moneda. Como puede ver en el gráfico semanal EUR / USD, ha estado en una tendencia alcista durante una buena cantidad de tiempo. Sería imprudente luchar contra esta tendencia e intentar vender.

A continuación, observemos el grafico de señales para identificar una buena señal de compra para el EUR / USD. En este ejemplo, estamos considerando el uso del índice de canal de productos básicos (CCI) para generar nuestra señal. Puede ver en el gráfico que el CCI dio una señal de compra el 10 de octubre cuando cruzó desde menos -100 a más de -100. La tendencia en el gráfico también se movió hacia arriba.

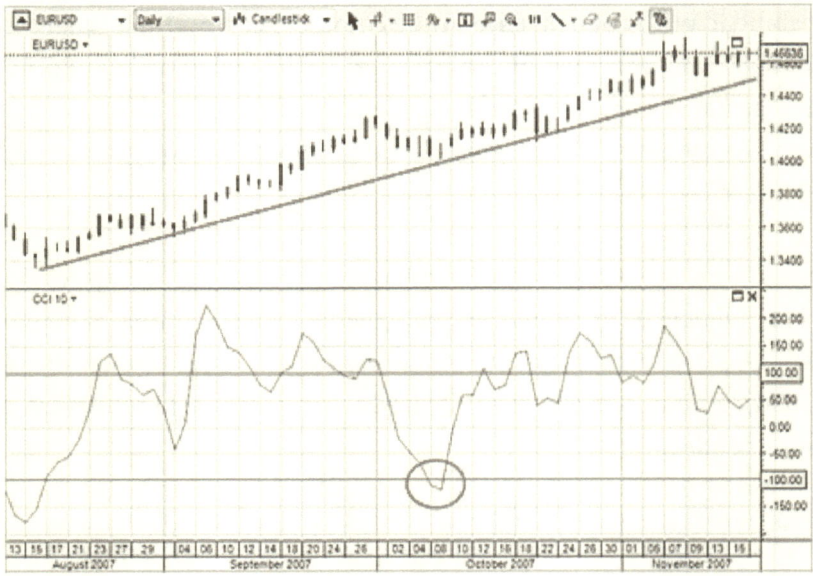

Finalmente, observe el gráfico de sincronización para identificar el momento adecuado para comprar el EUR / USD. Puede ver en el gráfico de 1 hora que el par de divisas está en una tendencia alcista en el momento en que se generó la señal esperada en el gráfico de señales. También puede ver que el CCI en su gráfico de 1 hora acaba de dar una señal de compra aproximadamente al mismo tiempo que en el gráfico de señal.

Ver que la señal de comercio generada en la tabla de señales se alinee tan bien con la tendencia en la tabla de tendencias y el movimiento de la moneda en el gráfico de sincronización, debería darle una gran confianza de que su negociación será exitosa. El uso de múltiples marcos de tiempo, como regla, le proporciona información comercial más precisa.

Wayne Walker

Relaciones en el Intermercado

Relaciones en el Intermercado

El mercado Forex es el mercado financiero más líquido. Si bien ningún otro mercado financiero puede competir con su tamaño, los otros mercados sí le afectan. Por ejemplo, el mercado de bonos de EE. UU. Puede afectar el valor del dólar estadounidense (USD), al igual que el mercado de valores canadiense puede afectar el valor del dólar canadiense (CAD).

Para convertirse en un comerciante de Forex exitoso, debe entender las relaciones que existen entre los mercados financieros del mundo y cómo estas relaciones pueden afectar los pares de divisas con las que está comerciando. A menudo recibirá una temprana advertencia de lo que está por suceder en el mercado Forex si está alerta de lo que está sucediendo en otros mercados financieros. Por ejemplo, si ve que el valor del oro aumenta rápidamente, puede buscar un aumento similar en el valor del AUD / USD. Una vez que sepa todo a lo que debe prestarle atención, puede aprovechar las correlaciones similares que observan los grandes inversionistas institucionales. Ahora nos centraremos en cómo los siguientes mercados afectan al mercado Forex: Mercado de materias primas, Mercado de bonos y la Bolsa de valores.

Mercado de Materias Primas y el Mercado Forex

La demanda global de materias primas ha vinculado al mercado de materias primas y al mercado Forex. Prácticamente todas las economías del mundo tienen que importar algunas de sus materias primas. Para comprar esas materias, los importadores deben cambiar su moneda por la moneda de la economía a la que están importando los bienes. Esta transacción aumenta la demanda de la moneda del exportador, lo que aumenta el valor de esa moneda. Esta transacción también reduce el valor de la moneda del importador.

Tres de las principales monedas, el dólar canadiense (CAD), el dólar australiano (AUD) y el dólar neozelandés (NZD) están estrechamente vinculados a los valores de sus materias primas porque son los principales exportadores de dichas materias. A medida que aumenta el precio de las materias primas, el valor de esas monedas aumenta también. A medida que el precio cae, el valor de estas monedas disminuye. Cada una de estas monedas de materias primas, como se las llama, se ve afectada de manera diferente por varias materias primas. Por ejemplo, el dólar australiano está correlacionado con el oro. A medida que el precio del oro sube, el valor del dólar australiano también sube. A medida que el precio del oro baja, el valor del dólar australiano también. Si bien esta correlación no es perfecta, vale la pena prestar atención a los eventos en el mercado de materias primas en los próximos años ya que pueden llevarlo a obtener ganancias en sus comercios en Forex. Esté preparado para aprovechar no solo las monedas que se fortalecerán a medida que aumenten los precios de las materias primas, sino también las monedas que se debilitarán.

Mercado de Bonos y el Mercado Forex

Después del mercado Forex, el mercado global de bonos es el segundo mercado financiero más grande del mundo. Gobiernos, instituciones e inversionistas individuales participan activamente en este mercado global, y cada uno de esos participantes está buscando lo mismo, ¡ganancias!

Los bonos del gobierno constituyen el mayor porcentaje del mercado global de bonos. Estos bonos generalmente se consideran inversiones libres de riesgo porque están respaldados por la buena voluntad y la fe de los gobiernos nacionales. Sin embargo, no todos los bonos del gobierno son iguales. Algunos gobiernos pagan una tasa de interés mayor que otros por sus bonos. Los inversionistas internacionales tienen en cuenta estas tasas de interés cuando deciden dónde invertir su dinero. Por lo general, los bonos con tasas de interés más altas son más atractivos para los inversionistas siempre que las economías que los respaldan sean relativamente estables.

Los inversionistas que desean comprar bonos del gobierno deben comprarlos con la moneda del gobierno representado. Si por ejemplo desean comprar bonos del gobierno de los Estados Unidos, primero cambian sus monedas por dólares estadounidenses (USD). Este aumento de la demanda de dólares estadounidenses (USD) eleva el valor del USD. Al mismo tiempo, la mayor oferta de monedas internacionales en el mercado hace que el valor de estas monedas disminuya.

Saber qué gobiernos ofrecen tasas de interés más altas en sus bonos y cuales están ganando popularidad entre los inversionistas internacionales le ayudara a saber qué monedas comprar y cuales vender.

Bolsa de Valores y el Mercado Forex

Los inversionistas individuales a nivel mundial parecen observar la bolsa de valores más estrechamente que cualquier otro mercado. Las acciones son emocionantes, han existido por un tiempo y la mayoría de los inversionistas individuales pueden relacionarse con las compañías en las que están comprando acciones. Cuando los tiempos son buenos en la bolsa de valores, el dinero fluye hacia adentro. Cuando los tiempos son malos fluye hacia afuera.

La globalización ha hecho que sea más fácil para los inversionistas de un país invertir en la bolsa de valores de otros países. Si los inversionistas ven que las acciones en los Estados Unidos están desempeñándose bien, se apresurarán a comprar dichas acciones. Si ven que las acciones en Japón están comenzando a superar a las acciones en Europa, sacarán su dinero de Europa y lo colocarán en Japón. Las acciones se negocian en la moneda de la economía de la que forman parte. Para invertir en acciones en los Estados Unidos, los inversionistas extranjeros deben primero convertir sus monedas a dólares estadounidenses (USD). Este aumento de la demanda de dólares estadounidenses hace que el valor del USD sea más alto. Al mismo tiempo, la mayor oferta de monedas internacionales en el mercado hace que el valor de estas monedas disminuya.

Los inversionistas de Forex observan de cerca cómo se están comportando las bolsas de valores. Si la bolsa de valores en un país comienza a superar a la de otro país, los inversionistas saben que es probable que otros inversionistas muevan su dinero del país con la bolsa de valores más débil al país con la más fuerte. Esto hará que el valor de la moneda para el país con la bolsa de valores más fuerte sea mayor y el valor de la moneda para el país con la bolsa más débil más bajo. Al comprar la moneda del país con el mercado más fuerte y luego vender la moneda del país con el mercado más débil, potencialmente puede obtener buenas ganancias.

Conocimiento Esencial Sobre el Análisis Fundamental

Una Economía Fuerte Aumenta los Valores Monetarios

Las economías fuertes generalmente tienen monedas fuertes, las dos están unidas. Cuando una economía tiene un buen desempeño, generalmente significa que las corporaciones son rentables, la mayoría de la fuerza laboral está empleada y, en su mayoría, las tasas de interés en crecimiento. Estas características le traen beneficios como comerciante de Forex.

El aumento de las tasas de interés es uno de los indicadores más predictivos del aumento de los valores monetarios y los bancos centrales de todo el mundo determinan las tasas de interés en sus respectivas economías. Estos bancos centrales generalmente aumentan las tasas de interés cuando la inflación medida por el índice de precios al consumidor (IPC) y el índice de precios de los productores (IPP) comienza a crecer muy rápido.

El crecimiento económico da origen a la inflación. Lo normal es que cuanto más fuerte sea la economía, mayor será la demanda de trabajadores. A medida que aumenta la demanda de trabajadores, también aumentan sus salarios. Cuanto más dinero llevan los trabajadores a casa en sus cheques, más dinero tienen que gastar en tiendas, autos y casas. A medida que aumenta la demanda de bienes y servicios, el precio de esos bienes y servicios también aumenta, en otras palabras, inflación.

Si los bancos centrales observan los indicadores de inflación (como el IPC y el IPP) en su proceso de toma de decisiones, se asume que también están interesados en observar los indicadores de fortaleza económica para ver qué tan fuerte es una economía. Los bancos centrales observan los siguientes indicadores económicos fundamentales para medir la fortaleza de una economía, y usted también debe hacerlo:

Producto interno bruto (PIB), Nóminas no agrícolas, Pedidos de bienes duraderos, Ventas minoristas.

Producto Interno Bruto (PIB)

Es la medida más amplia de la actividad económica agregada disponible. Informado de forma trimestral, el crecimiento del PIB se sigue ampliamente como el principal indicador de la fortaleza económica.

El PIB representa el valor total de la producción de un país durante un período y consiste en la compra de bienes y servicios de producción nacional por parte de individuos, empresas, extranjeros y el gobierno. Dado que los informes del PIB a menudo están sujetos a una gran volatilidad y revisiones de trimestre a trimestre, es mejor seguir el indicador año por año. Puede ser de gran valor seguir la tendencia de crecimiento en cada una de las categorías principales del PIB para determinar las fortalezas y debilidades de dicha economía. Una cifra alta del PIB es a menudo asociada con expectativas de tasas de intereses altas, que con frecuencia son positivas, al menos a corto plazo para la moneda involucrada. Esto permanece cierto a menos que las expectativas de una mayor presión inflacionaria debiliten la confianza en la moneda.

Nóminas No Agrícolas (USA)

Es una medida del número de personas empleadas por empresas no agrícolas. Los cambios mensuales en el empleo de la nómina reflejan el número neto de nuevos empleos creados o perdidos durante el mes y los cambios se siguen como un indicador importante de la actividad económica.

Es uno de los principales indicadores mensuales de la actividad económica agregada porque abarca todos los sectores principales de la economía. También es bueno examinar las tendencias en la creación de empleos en varias categorías de la industria porque los nuevos datos pueden enmascarar desviaciones significativas en las tendencias de la industria subyacente. Los grandes aumentos de empleos en la nómina son vistos como signos de una actividad económica fuerte que a futuro podrían llevar a tasas de interés más altas que apoyen a esa moneda. Si se considera que las presiones inflacionarias van en aumento, esto puede debilitar la confianza a largo plazo en la moneda.

Pedidos de Bienes Duraderos

Los pedidos de bienes duraderos son un indicador muy relevante de las tendencias del sector manufacturero porque la mayoría de la producción industrial se realiza con pedidos. A menudo, el indicador excluye las órdenes de defensa y transporte porque generalmente son mucho más volátiles que el resto y pueden ocultar la tendencia subyacente más importante.

Los pedidos de bienes duraderos también son una medida de los nuevos pedidos realizados con fabricantes nacionales para la entrega inmediata y futura de bienes duros. Los cambios porcentuales mensuales reflejan la tasa de cambio de dichos pedidos. Los niveles y los cambios en el orden de los bienes duros se siguen ampliamente como un indicador del impulso del sector de fabricación. El aumento de los pedidos de bienes duros normalmente esta asociado con una actividad económica más fuerte y, por lo tanto, puede llevar a tasas de interés más altas a corto plazo que a menudo son favorables para una moneda.

Ventas Minoristas

Las ventas minoristas son una medida de los ingresos totales de las tiendas minoristas. Los cambios porcentuales mensuales reflejan la tasa de cambio de dichas ventas y son seguidos como un indicador del gasto del consumidor. Son un indicador importante del gasto del consumidor porque representan casi la mitad del gasto total del consumidor y aproximadamente un tercio de la actividad económica agregada.

A menudo, se siguen las ventas minoristas menos las ventas de automóviles, ya que por lo general son mucho más volátiles que el resto y, por lo tanto, pueden ocultar la tendencia subyacente más importante.

El aumento de las ventas minoristas a menudo se asocia con una economía fuerte y una expectativa de tasas de interés más grandes a corto plazo que normalmente son positivas para una moneda a corto plazo.

Indicadores Económicos Regionales

Los indicadores regionales como los informes Tankan son muy importantes para el JPY y, por lo tanto, tienen un impacto notable en otros mercados de la región. Los pedidos de máquinas también son un dato importante, ya que esto afecta a las empresas exportadoras, que a su vez también afecta a la moneda.

Las cifras del IPC de varios países, especialmente Australia, Japón y China, suelen ser un motor del mercado y son vigiladas de cerca por comerciantes profesionales.

Los números del índice de gestores de compras (PMI) establecen el tono para el mes y son un temprano indicador de la actividad económica en la región.

Psicología Comercial

Psicología Comercial

Los comerciantes de Forex no solo tienen que competir con otros comerciantes en el mercado, sino también con ellos mismos. A menudo, como comerciante, usted será su peor enemigo. Como humanos, solemos ser emocionales. Nuestros egos quieren ser validados, queremos demostrarnos que sabemos lo que estamos haciendo y que somos capaces de cuidarnos a nosotros mismos. Nuestras emociones e instintos pueden combinarse para brindarnos éxitos comerciales de vez en cuando. Sin embargo, en su mayoría, nuestras emociones nos superan y nos llevan a pérdidas comerciales a menos que aprendamos a controlarlas.

Muchos comerciantes de Forex creen que sería ideal si pudieran separarse completamente de sus emociones. Desafortunadamente, eso es muy difícil de lograr, casi imposible diría yo, y algunas de sus emociones pueden ayudarle a mejorar su comercio. Lo más inteligente que puede hacer es aprender a entenderse a sí mismo como comerciante. Identifique sus fortalezas y sus debilidades, luego elija el estilo de comercio que considere mejor. En este capítulo, conoceremos los cuatro sesgos psicológicos que pueden estar afectando los resultados de sus negocios y lo que puede hacer para superarlos: sesgo de exceso de confianza, de anclaje, de confirmación y de aversión a la pérdida.

Sesgo de Exceso de Confianza

Es una creencia demasiado exagerada en sus habilidades como comerciante de Forex. Si alguna vez piensa que ya tiene todo resuelto, no hay nada más que aprender y el dinero ya es suyo para que lo tome del mercado, probablemente sufra de un sesgo de exceso de confianza.

Peligros del Exceso de Confianza

Los comerciantes con exceso de confianza tienden a meterse en problemas al comerciar con mucha frecuencia (comercio excesivo) o al hacer comercios extremadamente grandes a medida que avanzan para lograr su meta financiera. Al final, un comerciante demasiado confiado terminará negociando de forma excesiva, arriesgando demasiado en una sola operación que puede salir mal y acabar con todos los ahorros de su cuenta.

¿Sufre de Exceso de Confianza?

Si quiere saber si tiene alguna tendencia de exceso de confianza, pregúntese si alguna vez ha entrado a una operación que acababa de cerrar, no porque vio otra oportunidad de entrada, sino porque no podía creer que estuviera equivocado. También puede considerar si alguna vez ha puesto más dinero en un comercio de lo que normalmente haría solo porque estaba seguro de que iba a obtener ganancias. Si es así, necesitas estar al tanto de esas tendencias.

Superando el Exceso de Confianza

La mejor manera de superar el exceso de confianza es establecer un conjunto estricto de reglas de gestión de riesgos. Estas reglas deben cubrir como mínimo la cantidad de operaciones en las que participara, la cantidad que está dispuesto a arriesgar en cualquier comercio y cuanto está dispuesto a perder antes de salir del comercio y evaluar su estrategia. Al limitar el número de operaciones en las que está dispuesto a participar y la cantidad de riesgo que está dispuesto a asumir, puede eliminar el riesgo de su portafolio. ¡Sobrevivir al fracaso!

Sesgo de Anclaje

El sesgo de anclaje es una tendencia a creer que el futuro se verá o se comportará de manera similar al presente. Cuando se ancla demasiado cerca del presente, no vera los cambios que son posibles a medida que los pares de divisas fluctúan y los fundamentales subyacentes cambian.

Peligros del Anclaje

Los comerciantes anclados por lo general se meten en problemas al convencerse a sí mismos de que la tendencia actual nunca terminará y que es casi imposible revertir la fortaleza económica de un país en particular. Pronto, se apegan emocionalmente a la tendencia anterior de un par de divisas y continúan colocando operaciones que van en contra de la nueva tendencia. Con cada una pierden cantidades cada vez mayores de dinero porque están luchando contra la tendencia.

¿Está Usted Anclado?

Si desea saber si tiene tendencias de anclaje, pregúntese a sí mismo si alguna vez perdió dinero porque no pudo aceptar que la tendencia haya terminado. Si es así, debe estar alerta de esa tendencia.

Superando el Anclaje

Una buena manera de superar el anclaje es observar múltiples marcos de tiempo en sus gráficos. Si usualmente comercia con gráficos de hora, mire los gráficos diarios y semanales de vez en cuando para ver dónde se encuentran algunos de los niveles de soporte y resistencia y cómo se ven las tendencias a largo plazo. También debe echar un vistazo a los gráficos a corto plazo para ver cuándo se están invirtiendo las tendencias a corto plazo. Ampliar su perspectiva le ayudará a evitar anclarse a un punto cualquiera.

Sesgo de Confirmación

El sesgo de confirmación es una propensión a buscar solo la información que confirma las creencias que ya tiene en mente. Por ejemplo, si cree que el EUR / USD subirá, buscará las noticias, los indicadores técnicos y los factores fundamentales que respaldan su creencia.

Peligros de Buscar Confirmación

Los comerciantes que buscan de forma seguida la confirmación de sus creencias tienden a pasar por alto las señales de advertencia clave que los habrían protegido de pérdidas innecesarias. En un intento de confirmar sus creencias, los comerciantes se pierden los hechos. En última instancia, esto les lleva a luchar contra la tendencia y perder dinero.

¿Busca usted Confirmación?

Si desea saber si tiene tendencias de sesgo de confirmación, reflexione sobre qué tan frecuente busca signos de que puede estar equivocado en su análisis. Si su respuesta es rara vez o nunca, puede ser un buscador de confirmación y debe estar consciente de ello.

Superando la Búsqueda de Confirmación

Una forma de superar el sesgo de confirmación es encontrar a alguien o un grupo con quien pueda hablar sobre sus comercios. Es de esperar que la persona o el grupo con el que hable no siempre estén de acuerdo con usted. Hablar con comerciantes que tienen perspectivas e ideas diferentes a las suyas le ayudará a ver sus comercios desde diferentes ángulos. A veces fortalecerá sus convicciones hablando con otros comerciantes. Otras veces, chatear con sus socios comerciales hará que cambie de idea. Mantener una mente abierta lo ayudará a aprender nuevas estrategias y evitar apegarse demasiado a sus viejas creencias.

Sesgo de Aversión a la Pérdida

El sesgo de aversión a la pérdida se basa en la teoría de que el dolor causado por perder 1,000 $ es mayor que la alegría que obtiene al ganar 1,000 $. Para ser más claro, el miedo es un motivador más poderoso que la codicia.

Peligros de la Aversión a la Pérdida

Los comerciantes que temen a las pérdidas son mucho más propensos a mantener posiciones de pérdidas que los comerciantes que pueden aceptar pérdidas a corto plazo y pasar a otros comercios más rentables. Mantener posiciones de perdidas daña la estabilidad de su cuenta, no solo al incurrir en pérdidas, sino que también lo mantiene fuera de mejores comercios.

¿Teme a las Perdidas?

Si desea saber si tiene alguna debilidad por la aversión a las pérdidas, pregúntese si alguna vez se mantuvo en un comercio perdido más allá del punto en el que ya sabía que debía haber salido porque esperaba que el par se diera vuelta y le generara ganancias. Si es así, necesita estar al tanto de esa tendencia.

Superando la Aversión a la Pérdida

Una muy buena manera de superar un sesgo de aversión a la pérdida es comerciar con órdenes de detención de perdidas ya establecidas. Muchos comerciantes se dicen a sí mismos que comerciarán con un orden, una orden en la cual piensan y se prometen a sí mismos que ejecutarán si el par de divisas la alcanza. Con demasiada frecuencia, los comerciantes ignoran esto y no las utilizan. Permiten que sus emociones los dominen y comienzan a racionalizar su elección de permanecer en el comercio hasta que se recupere. Tan pronto como ingresa a un comercio, debe establecer su orden de detención de pérdidas. Elimine sus emociones de la escena.

Wayne Walker

Conclusión

Espero que haya sido informativo y que pueda brindarle las herramientas que necesita para lograr sus objetivos de comerciar en Forex y ganar dinero. El siguiente paso es poner a prueba sus habilidades en el comercio y aumentar su capital de riesgo. Esto te dará la motivación que necesita para alcanzar el éxito.

Tengo otros libros sobre diferentes aspectos del comercio y clases de activos, por favor, ¡échales un vistazo!

Perfil del autor

Wayne Walker es el director de una empresa global de consultoría y educación sobre mercados de capital (gcmsonline.info). Tiene varios años de experiencia en liderar y entrenar a equipos de Asesores de Inversión y ha manejado equipos de alto rendimiento en el Grupo de Clientes Privados basado en las ganancias de Bench Mark (BME).

www.ingramcontent.com/pod-product-compliance
Lightning Source LLC
Chambersburg PA
CBHW022004170526
45157CB00003B/1129

MAKE MONEY WITH
KINDLE
(EBOOKS)
FOR BEGINNERS

AN EASY GUIDE TO STARTING YOUR OWN
KINDLE PUBLISHING BUSINESS

BAXTER TOMS

Make Money with Kindle (ebooks)
for Beginners
An easy guide to starting your own Kindle publishing business

by Baxter Toms